FRANÇOIS SOLEIL

OUVRAGES

DE

CHARLES MONSELET

Format grand in-18.

LES ANNÉES DE GAIETÉ..................................	1 vol.
L'ARGENT MAUDIT, 2ᵉ édition............................	1 —
LES FEMMES QUI FONT DES SCÈNES..................	1 —
LA FRANC-MAÇONNERIE DES FEMMES................	1 —
FRANÇOIS SOLEIL...	1 —
LA FIN DE L'ORGIE...	1 —
LES GALANTERIES DU XVIIIᵉ SIÈCLE.................	1 —
M. DE CUPIDON..	1 —
M. LE DUC S'AMUSE..	1 —
LES ORIGINAUX DU SIÈCLE DERNIER.................	1 —

FRANÇOIS SOLEIL

PAR

CHARLES MONSELET

PARIS

MICHEL LÉVY FRÈRES, LIBRAIRES ÉDITEURS

RUE VIVIENNE, 2 BIS, ET BOULEVARD DES ITALIENS, 15

A LA LIBRAIRIE NOUVELLE

—

1866

Tous droits réservés

FRANÇOIS SOLEIL

I

La fenêtre d'Émile ouvrait sur les jardins de l'hôtel de Perverie, qui s'étendaient dans la direction des Champs-Élysées, et qu'entourait un cordon de murailles dissimulées sous des espaliers verdoyants. Ces jardins, plantés à la manière anglaise, rivalisaient d'afféterie et de contre-sens avec les folies les plus célèbres, telles que : Bagatelle, Colifichet, Brinborion, l'Hermitage de M. le duc de Croy, le jardin de madame la princesse de Guémenée, à Montreuil, celui de M. le comte de Caraman, à Roissy, et tous ces autres jardins philosophiques dont les environs de Paris et Paris lui-même étaient infestés depuis quelque temps.

On y voyait des charmilles, des bassins, des berceaux, des salons de gazon, des quinconces de roses, des pavillons et des volières. On y voyait des ruisseaux dont les cailloux formant le lit avaient été l'objet d'un choix scrupuleux, petits cailloux roses, bleus, blancs, nettoyés tous les matins avec une brosse. Ces ruisseaux serpentaient comme dans les églogues et faisaient entendre un doux murmure augmenté par des moyens artificiels.

Le conte d'*Aline, reine de Golconde,* avait mis à la mode, dans tous les jardins, les ponts de bois coquettement jetés sur les ruisseaux. Il y avait donc un pont dans le jardin de madame la marquise de Perverie, comme il y avait un temple de Saturne, comme il y avait aussi un ermitage ; car les ermites constituaient alors une série de faunes et de sylvains. — Cette espèce de grotte moussue et ruinée au dehors, fermée par une porte branlante, était décorée à l'intérieur de meubles zinzolins avec des encadrements argentés et quelques petits sujets du peintre Pater.

Mais la grande curiosité de ce domaine, c'était le jardin hollandais en manière de caricature, dont il convient de donner un aperçu. Outre les pyramides de buis et les colonnes faites à coups de ciseaux, on y voyait des bassins d'écaille, des jets d'eau en verre, des parterres jaunes et rouges. Sur les branches des arbres étincelaient une multitude d'oiseaux d'or. Des vases de porcelaine et des magots de couleur ardente faisaient la guerre aux regards dans tous les coins. Il y avait autant de caisses de bois peint que de vraies plantes. Une partie du paysage représentait une chasse entière : c'était le comble du mauvais goût prémédité. Le cerf apparaissait en haut de la cascade ; les chiens et les hommes, qui semblaient le poursuivre, étaient tout en perles et en coquillages ; quelques-uns avaient des yeux de cornaline, des nez d'émeraude, des joues de topaze et des fronts d'agate. Impossible d'être plus ridicule avec autant de richesse et de propreté.

Le reste retournait au pur Saint-Lambert, au pur

Watelet. Tous les Amours des bosquets avaient le doigt sur les lèvres; toutes les nymphes des charmilles souriaient sans savoir pourquoi. Cela faisait venir la musique de Grétry à la bouche. Le monstre qui avait imaginé ces gracieuses choses s'était bien gardé d'oublier un Moulin-joli dans son horizon. Il y avait des batelets qui conduisaient à des îles ou abordaient à de petits rochers pointus, garnis de pétrifications et d'arborisations qui singeaient le sauvage et le naïf.

Maintenant, pourquoi la marquise de Perverie, qui était une femme sérieuse, donnait-elle dans ces erreurs de la mode? Mon Dieu, par la même raison que nous l'avons déjà vue parée en élégante outrée, parce que le brillant et le mignard faisaient partie de son siècle, et qu'elle se faisait ridicule pour ne pas paraître ridicule.

Si grotesquement mignon que fût ce jardin, Émile l'aimait, d'abord parce qu'il n'en avait pas vu beaucoup d'autres, et ensuite parce qu'il avait su y découvrir des endroits oubliés, où l'herbe poussait comme chez elle et où les arbres jouaient au taillis.

Comme toutes les natures poétiques ou simplement nerveuses, la campagne l'agaçait, l'enivrait, le tourmentait; et si peu qu'il y eût d'atmosphère réellement agreste dans le jardin de la marquise, il aspirait ce peu avec la fougue passionnée que mettent les jeunes taureaux à se rouler dans les prés. Il en savait les moindres détours, il en avait étudié les plus secrets ombrages, afin de pouvoir s'y réfugier sûrement des heures entières, de grand matin ou de grand soir. Et comme les valets ne sont pas en général très-portés sur l'amour du paysage et de la rêverie, il réussissait assez bien à se dérober à leurs yeux dans ses échappées fréquentes.

Émile ne dormit pas la nuit de l'aventure de la rue Contrescarpe. A chaque instant, il se représentait la marquise de Perverie telle qu'il l'avait vue, à onze heures, seule et déguisée.

La maison au guichet lui revenait aussi à la mémoire, et ces deux mots : « Théos et Vérité! » bourdonnèrent toute la nuit à ses oreilles. Quoi d'étonnant? Il était jeune et il entrevoyait un mystère.

Le lendemain il était descendu au petit jour dans

1.

le jardin. Il en avait fait soigneusement le tour. Puis ses regards et son attention s'étaient portés sur une porte située à l'extrémité opposée de l'hôtel, à cent pas de la maison du jardinier. Là, il s'était courbé... Des traces de pas toutes fraîches se voyaient distinctement sur le sable. Il les suivit à travers les dédales du parc.

Mais arrivé dans la grande avenue, il se trouva face à face avec le jardinier, son râteau à la main, qui faisait disparaître les petites inégalités du sol, ce qui, par parenthèse, surprit désagréablement notre héros et coupa court à ses perquisitions. Toutefois, il en savait assez. C'était par cette porte que la marquise de Perverie était rentrée ; c'était probablement par là qu'elle était sortie. Maintenant où allait-elle ? Voilà ce qu'il ne cessait de se demander.

Interroger les domestiques était imprudent et sans doute inutile. Le jardinier avait tout son profit à se taire, ainsi que le portier, en admettant que ce dernier sût quelque chose. Il pensa à son ami, le majordome Turpin, mais celui-ci était tout entier absorbé par l'étude de la philosophie et des belles-lettres, considérées dans leurs rapports avec la politique.

Néanmoins, Émile essaya de lui poser quelques questions et de tirer de lui quelques renseignements sur la marquise.

— Quelle est sa famille? demanda-t-il.

— Je l'ignore, répondit Turpin; aucun parent, oncle, beau-frère, ou cousin, ne s'est encore présenté à l'hôtel, que je sache.

— Mais ne connaît-on rien de sa vie passée?

— Rien absolument.

— De sa jeunesse? de son mariage? de ses liaisons?

— Pas davantage.

— C'est étonnant.

— Pourquoi cela? dit le majordome; ce qui est un mystère pour nous, obscurs mortels, n'en est pas un peut-être aux yeux des grands qu'elle fréquente.

— Elle est donc bien en cour?

— Elle y obtient tout ce qu'elle demande.

— Et... demande-t-elle beaucoup?

—Oh! oh! mon jeune ami, dit Turpin étonné, d'où vous vient cette curiosité insolite? Quel motif secret vous porte à vous enquérir si obstinément des faits et gestes de madame la marquise?

— Aucun, répondit Émile ; je voulais savoir, voilà tout.

Et il ne sut rien.

Quelques jours se passèrent ainsi, pendant lesquels le jeune valet essaya de chasser de sa mémoire un incident tombé dans son cœur, comme une pierre dans un étang, pour en faire monter les agitations à la surface. Il réunit tous ses efforts pour ne plus penser à la marquise et ne plus s'occuper de ses actions ; mais, en dépit de ses projets, chaque soir, chaque nuit, sa fenêtre restait ouverte, et lui, restait à sa fenêtre, les yeux fixés sur le jardin.

Pourtant il ne faudrait pas croire qu'il eût oublié Trois-Mai, cette douce figure si rapidement disparue. Ce n'était pas la conscience de sa folie qui lui manquait. Il se rappelait les traits célestement nobles de la jeune fille, son chaste abandon, ses paroles naïves et tendres avec innocence. Il se rappelait aussi l'amour que tous deux s'étaient juré, en une heure de sincérité mutuelle ; et, évoquant cet amour si beau, si pur, si bien placé, si calme, il se disait, avec un sûr instinct de divination :

— Le bonheur est là !

Mais à son âge, à l'âge d'Émile, qui est-ce qui veut du bonheur ? Ne préfère-t-on pas mille fois les tempêtes et leurs curiosités ? Le bonheur vous effraye presque, tant il vous paraît facile et commun, sans accidents d'horizon, paysage monotone et prévu comme l'île de Calypso, bordé comme elle par le gazon d'un éternel printemps.

Nul ne sera donc étonné des deux amours qui remplissaient le cœur d'Émile, et qui se le disputaient de bonne foi. A dix-sept ans, on n'y regarde pas de si près, et l'on n'est pas exclusif comme plus tard, lorsque la science de la vie se dévoile graduellement et que les rêves se dépeuplent de riants fantômes.

S'il aimait la marquise, c'était surtout pour l'audace qu'il y avait à l'aimer. Une héroïne de Romancie ne lui semblait pas plus qu'elle environnée de périls et de surprise. La noblesse, c'était le géant ; la fortune, c'était le dragon.

Le hasard, qui affecte souvent de se mettre au service des audacieux, devait se trouver d'intelligence avec Émile plus tôt qu'il ne le pensait. Avouons que le hasard est un galant homme et qu'il fait parfois bien les choses ! — Un jour, Émile rencontra madame la marquise de Perverie au détour du jardin, et il ne put si bien faire en s'inclinant qu'il ne laissât tomber par terre un livre que, dans son trouble, il s'était efforcé de cacher d'abord.

La marquise regarda ce petit jeune homme et parut étonnée.

— Vous êtes de ma maison? lui demanda-t-elle.

Et sur sa réponse affirmative, elle le regarda de nouveau; puis elle parut rappeler ses souvenirs.

— Où vous ai-je vu?

— Au souper de M. de la Reynière, madame la marquise, répondit-il en osant lever les yeux.

Elle sourit.

— J'y suis maintenant... En effet, *cet enfant* qui parla si haut à M. de Noyal-Treffléan...

— C'était moi, madame la marquise.

Émile s'enhardissait, bien que sa voix trahît l'émotion dont son âme était pleine.

— Vous avez fait un acte de courage et d'honneur, lui dit-elle avec intérêt, et j'avais le désir de vous voir; que puis-je faire pour vous?

Il hésita, puis ses regards étant tombés par hasard sur sa veste galonnée, il eut une de ces réponses qui sont parfois le commencement de la fortune d'un homme.

— Me permettre de quitter la livrée, madame la marquise.

C'était hardi.

Aussi la marquise en reçut-elle un mouvement.

— Ramassez votre livre, lui dit-elle doucement après une minute silencieuse.

Il le ramassa. Elle le prit et l'ouvrit.

— Les *Satires de M. Gilbert*, lut-elle.

Un second sourire se présenta sur ses lèvres.

— C'est bien ; puisque vous à aimez lire, vous serez mon lecteur.

Mais après cela, elle redevint sérieuse, regardant le livre qu'elle avait à la main.

— Gilbert ! murmura-t-elle, oui, celui-là fut un des rares indignés de ce temps ; il eut le courage au moins, s'il n'eut pas la force. Vous avez raison d'aimer Gilbert ; pour un fils de paysan il a bien fait son œuvre ; il a crié dans un temps où tout le monde chante, et si faible qu'ait été sa voix, du moins a-t-elle été entendue de quelques-uns. Aimez Gilbert et lisez-le-moi souvent, car c'était un homme de cœur.

Elle lui rendit le livre. Émile la regarda s'éloigner sans mot dire.

Puis, lorsque peu à peu le calme se fut fait en lui, il chercha à se rappeler les moindres détails de cette scène, les paroles de la marquise et leur douce inflexion, ses gestes tranquilles et nobles, son regard et ses deux sourires !

Ah ! cet enfant avait raison de retenir ainsi sa jeunesse au passage et de se laisser aller longtemps à sa rêverie ! Il avait raison de noter ainsi chaque sensation et de se la graver bien avant dans le cœur, afin de s'en souvenir un jour profondément. Regarde, écoute, pleure, tourmente-toi, fais bien provision de lambeaux de paroles, d'espérances craintives et de soupçons enchanteurs ! Amasse, amasse pour l'hiver de ta vie. Une feuille conservée verte dans un livre nous rend quelquefois le parfum entier de toute une charmille. Tu ne sais pas, enfant, le prix divin de ces choses délicieuses et si enviées ; tu ne sais pas qu'un jour ta mémoire s'évertuera avidement et mélancoliquement à reconstruire heure par heure, minute par minute, tout ce passé ravissant et fou, échafaudage téméraire, palais brillant élevé par les fées de l'adolescence, de l'illusion et de l'amour !

Émile ne doutait pas qu'il arrivât à tout, maintenant que la marquise de Perverie lui avait ouvert les portes de l'ambition. — Le lendemain, le majordome Turpin vint lui apporter un habit et une culotte noirs, de fort bon goût.

Puis il lui dit, car le digne personnage ne laissait jamais échapper l'occasion de faire scintiller la verroterie de son intelligence :

— Je vois avec plaisir que la Fortune, cette déesse aveugle et capricieuse, que les anciens représentent debout sur une roue, a secoué dans votre chemin sa corne d'abondance. Recevez-en mes félicitations. A partir de ce jour, vous n'êtes plus un valet, vous êtes un homme libre !

Il enfla ses joues.

— Oui, libre ! murmura Émile, grâce à elle.

— Savez-vous ce que c'est qu'un *homme libre ?* continua le majordome.

— Mais... articula l'autre.

— Eh bien ! l'homme libre, c'est celui qui, *dégagé des préjugés, ne courbant plus sa tête sous le joug du despotisme, se voit rendu à lui-même, et marche dans la voie souveraine de l'équité, sous le phare vivifiant de la raison !*

La marquise de Perverie recevait une fois par semaine.

Il venait chez elle les personnages les plus divers en réputation : des savants, des gentilshommes, des étrangers. Elle accueillait tout le monde avec affabilité et grandeur, et tout le monde se trouvait à l'aise chez elle. On vantait son esprit, on se courbait devant sa distinction, on la citait parmi les femmes supérieures de son siècle.

Puis aussi c'étaient des traits de bienfaisance qui circulaient à voix basse, une bonne action découverte, toutes choses qui arrêtent la raillerie au bord des lèvres.

Malgré ce qu'il voyait, ce qu'il entendait et ce qu'il découvrait, Émile (c'était un esprit rétif) n'oubliait pas l'épisode de la rue Contrescarpe et y rattachait tous ses mauvais doutes.

Il ne perdait pas une seule occasion d'épier la

marquise ; néanmoins ses recherches n'avaient encore abouti à aucun résultat, et cette énigme menaçait de rester longtemps sous clef, lorsqu'un événement vint jeter une lueur sur cette partie obscure de notre récit.

II

— M. de Robespierre, vous êtes galant.

— Est-ce un reproche de votre part, madame la marquise ?

— Peut-être. Un homme aussi sérieux que vous, un avocat au Parlement...

— Bon ! vous oubliez aussi que je suis académicien !

— Académicien ?

— Certainement, membre de l'académie d'Arras, une vraie académie, je vous prie de le croire.

— En vérité !

— Si je suis avocat, c'est par condescendance, ou plutôt, madame, car je ne veux rien vous cacher de ma pensée, c'est parce que je crois l'heure du barreau venue ou du moins bien près de venir.

— L'heure du barreau ?

— Pourquoi pas ? Sous la régence, nous avons eu le règne des femmes ; sous Louis XV, le règne des philosophes. Pourquoi n'aurions-nous pas, sous Louis XVI, le règne des avocats ?

Ces mots étaient échangés le long d'une charmille du jardin, entre madame la marquise de Perverie et un jeune homme du plus élégant extérieur.

Il pouvait être une heure ou deux de l'après-midi.

Le temps était beau, quoique l'on approchât de la fin d'octobre, et le soleil donnait une de ses dernières représentations.

En face de cette molle et blanche lumière, les feuilles regrettaient de s'être tant pressées de devenir jaunes, et les fleurs pâlies essayaient de ressusciter.

La marquise était vêtue d'une longue gaule de mousseline qui traînait sur les gazons dépouillés. Elle tenait à la main un éventail.

Le jeune homme, ou plutôt M. de Robespierre,

comme nous venons de l'entendre nommer, avait un habit couleur cheveux de la reine, c'est-à-dire un habit blond, ce qui était alors une nuance fort ingénieuse. Il portait des manchettes d'une finesse éblouissante, était irréprochablement coiffé, et rejetait son cou en arrière, serré à l'excès dans sa cravate comme dans une espèce de carcan blanc. Il s'exprimait, du reste, avec recherche, pesait ses mots et prodiguait son sourire, aigu et frétillard comme une queue de couleuvre.

Il y avait un quart d'heure environ que cet entretien durait, lorsque Émile vint à passer par hasard à côté de la charmille.

Il s'arrêta au bruit des deux voix.

Une surtout, celle de M. de Robespierre, le frappa étrangement. Il crut se souvenir de l'avoir entendue quelque part.

Pour éclaircir ses doutes, il colla son œil aux interstices de la charmille.

M. de Robespierre montrait alors le dos.

Ne pouvant voir, Émile écouta.

— Ainsi donc, monsieur, disait la marquise, toutes

les grandes dames devraient, selon vous, en bonne politique, faire leur cour aux avocats?

— Je ne dis pas cela.

— Mais vous le pensez.

— Les systèmes les plus sérieux ont leurs conséquences galantes, objecta-t-il.

— Et vous êtes un homme à systèmes, répliqua la marquise en souriant.

— Votre esprit est si délicieusement enchâssé dans la raillerie, que, dussé-je en souffrir jusqu'au bout, je n'ai pas le courage de lui souhaiter une autre monture. Poursuivez donc, madame.

— C'est qu'aussi vous me surprenez avec votre façon de dire et de comprendre les choses. Votre conversation a été cueillie dans les bosquets d'Amathonte, et je suis convaincue que vous cachez un volume d'Épicure sous les basques de votre habit.

— A quoi bon des volumes! répondit M. de Robespierre; pourquoi vous étonner justement des choses les moins étonnantes? N'êtes-vous pas la vivante justification de mes métaphores, et ne parle-t-on pas de certains luths qui chantent d'eux-mêmes quand un souffle amoureux a passé sur leurs cordes?

— Mais vous voyez bien qu'il ne fait pas de vent.

— Tenez, madame, avec vos épigrammes, souvent je serais tenté de croire que vous n'avez jamais aimé.

La marquise fit un mouvement, comme si ces paroles eussent réveillé en elle un souvenir funeste.

— Aimer! prononça-t-elle en secouant la tête, aimer!... Non, je ne peux pas aimer...

M. de Robespierre se détourna pour chercher une pincée de tabac au fond d'une microscopique tabatière, sur laquelle un peintre en miniature avait représenté une scène d'*Estelle et Némorin*.

En ce moment Émile vit sa figure, et reconnut cet homme en habit vert qui l'avait brusquement apostrophé dans la rue Contrescarpe.

Il redoubla d'attention, et se courba derrière un banc de la charmille, pour ne pas être aperçu à travers le feuillage clair-semé.

La marquise de Perverie était devenue rêveuse.

M. de Robespierre secouait sur son jabot les petits grains noirs qu'il y avait laissé tomber.

— Pourquoi ne vous a-t-on pas vu hier soir à l'Opéra? demanda-t-elle enfin.

— Parce que c'était jour de séance aux *Rosati*.

— Les *Rosati !*

— Sans doute ; est-ce la première fois que vous en entendez parler ?

— Ma foi, je l'avoue.

— Vous ne connaissez pas non plus les *Philalèthes* de Lille ?

— Non.

— Ni la *Frérie blanche* de Guingamp ?

— Encore moins.

— Eh bien ! les *Rosati* d'Arras, comme la *Frérie blanche* de Guingamp, comme les *Philalèthes* de Lille, c'est...

— C'est ?...

— Oh ! mon Dieu, la plus innocente des choses : une réunion littéraire, une société poétique.

— Rien que poétique ? fit la marquise d'un air d'incrédulité.

— Rien que poétique.

— Et peut-on s'informer, sans risquer d'être indiscrète, des... poëtes... qui peuplent le sacré vallon des *Rosati?*

— Mais... répondit-il avec une légère teinte d'em-

2.

barras, ce ne sont guère encore pour la plupart que des inconnus, des jeunes gens.

— Nommez-m'en quelques-uns

— Les deux frères Carnot, d'abord.

— Je ne les connais pas.

— Puis des condisciples du collége Louis-le-Grand, Camille Desmoulins, Fréron...

— Le fils du folliculaire ?

— Lui-même.

— Allez toujours, dit la marquise.

— Ensuite, des compagnons à moi, Cot, Rusé, et d'autres dont les noms ne me reviennent pas en ce moment. D'ailleurs, le siége de notre société, à proprement parler, se tient à Arras; à Paris, ce n'est qu'une succursale.

— Mais encore, à quoi s'occupe-t-on chez les *Rosati* ?

— A quoi peuvent s'occuper des poëtes, si ce n'est à célébrer les Grâces et les nymphes, le Dieu du vin et la Déesse des amours, Apollon et Cupidon, Momus et Comus? Nous faisons des couplets, que nous chantons et que nous oublions ensuite.

— Vous faites des couplets?

— Et des madrigaux aussi, reprit-il en souriant.

— C'est étrange, dit la marquise avec un vrai sérieux, jamais je ne l'aurais cru de vous.

— Justement c'était hier le jour où j'ai dû, selon nos règlements, sacrifier aux Muses.

— Vous avez fait une chanson?

— Oh! une bagatelle...

— Modestie d'auteur. Tenez, voulez-vous me faire un grand plaisir?

— Lequel, madame la marquise?

— Eh bien! dites-moi votre chanson, là, sans cérémonie, comme si vous étiez encore chez vos *Rosati;* personne n'en saura rien que moi, M. l'avocat au Parlement.

— Bon! quelle plaisanterie!

— Rien n'est plus sérieux; je tiens à connaître votre talent pour les vers, et je m'en voudrais toute la vie d'avoir laissé passer une si belle occasion. Voyons, êtes-vous prêt? *Sonnet, c'est un sonnet...*

— Vous la voulez décidément?

— Décidément je le veux.

M. de Robespierre prit alors du bout de ses doigts

la main gantée de la marquise, et la conduisit vers le banc derrière lequel Émile était tapi.

Une fois assis, et après avoir rajusté ses manchettes, il commença à demi-voix et avec toutes sortes de grâces :

> La rose était pâle jadis
> Et moins chère à Zéphyre,
> A la vive blancheur des lis
> Elle cédait l'empire.
> Mais un jour Bacchus,
> Au sein de Vénus
> Prend la fille de Flore;
> La plongeant soudain
> Dans des flots de vin,
> De pourpre il la colore.

— Ah ! c'est charmant ! s'écria la marquise, c'est divin ! on ne peut pas s'exprimer avec plus de goût et de délicatesse... Mais continuez, continuez donc, je vous en prie !

Au moment d'entamer le deuxième couplet, le poëte s'arrêta et promena ses regards autour de lui avec inquiétude.

— Qu'avez-vous ? lui demanda la marquise.

— N'avez-vous pas entendu quelque bruit dans le feuillage ?

— Non.

— Je continue, dit-il en arrondissant le bras et en laissant briller sur ses lèvres un sourire enchanté :

> On prétend qu'au sein de Cypris
> Deux ou trois gouttes coulèrent,
> Et que dès lors parmi les lis
> Deux roses se formèrent;
> Grâce à ses couleurs,
> La rose, des fleurs
> Désormais fut la reine ;
> Cypris, dans les cieux,
> Du plus froid des dieux,
> Devint la souveraine.

— Eh! mais, murmura la marquise en redoublant le jeu de son éventail, cela devient léger, savez-vous, M. de Robespierre?

— Pure mythologie, madame, répondit-il.

Et il passa au troisième couplet.

> Quand l'escadron audacieux
> Des enfants de la terre,
> Jusque dans le séjour des dieux
> Osa porter la guerre,
> Bacchus, rassurant
> Jupiter tremblant,
> Décida la victoire ;
> Tous les dieux à jeun
> Tremblaient en commun,
> Lui seul avait su boire!

La chanson avait onze couplets ; nous croyons faire plaisir à nos lecteurs en nous en tenant à ceux que nous avons cités, renvoyant les curieux à la chanson elle-même qui existe écrite tout entière de la main de son auteur. Elle peut se chanter sur l'air : *Mon père était pot.*

Quand il eut fini, la marquise le complimenta longuement sur la fraîcheur de son imagination, le piquant de son esprit et l'originalité de ses rimes. Il l'écouta en badinant avec sa tabatière et en regardant avec sensibilité les feuilles des arbres.

— Mais il ne faut pas que les jeux de l'esprit nous fassent oublier les choses sérieuses, ajouta-t-il après quelques instants donnés à l'amour-propre.

Puis, regardant une nouvelle fois autour de lui, il ajouta d'une voix basse :

— Venez-vous ce soir chez Catherine Théot?

— Oui, répondit-elle.

— Nous avons plusieurs initiations, et la *Mère de Dieu* a promis de s'expliquer sur les choses de la vie future.

Le front de la marquise s'était assombri; elle paraissait réfléchir.

— Vous savez, continua M. de Robespierre, que le mot de passe est toujours : *Théos et Vérité.*

Émile, qui écoutait avidement, tressaillit à ce mot, qui lui rappelait une scène empreinte profondément dans sa mémoire.

Il comprit qu'il était sur la voie de ce mystère nocturne, et retint son haleine.

— Oui, murmura la marquise de Perverie avec un soupir ; oui, j'irai ce soir encore chez Catherine... Peut-être cette fois serai-je plus heureuse dans mes tentatives... Peut-être l'*Éclaireuse* parlera-t-elle... J'irai.

Elle avait dit ces paroles lentement, sourdement, et néanmoins Émile n'en perdit pas une syllabe.

— Moi aussi, j'irai ! prononça-t-il mentalement.

Madame de Perverie se leva.

M. de Robespierre, qui avait l'intelligence du monde, lut un congé dans ce mouvement.

— Permettez-moi de vous quitter, madame la marquise, et souffrez que mes lèvres impriment respectueusement sur votre main l'adieu de mon cœur.

— Quoi ? déjà ! dit-elle insoucieusement, pendant que le jeune avocat réalisait son horrible madrigal.

— Il faut absolument que j'aille présenter mes civilités à madame de Luynes et à madame de Chastenet, ensuite à madame de Sainte-Amaranthe, chez laquelle mon couvert est mis.

— Que d'occupations! fit-elle en souriant; je ne sais que vous et M. de Boufflers qui puissent suffire à tant de galanteries.

— M. de Boufflers est en Suisse, répondit-il avec fatuité et en tournant sur le talon.

On reprit le chemin de l'hôtel.

Émile abandonna son poste d'observation, et suivit à distance.

Sur la derniere marche du perron, il vit M. de Robespierre s'incliner pour la dernière fois.

III

Les désordres du siècle allaient croissant, lorsque la conspiration des illuminés vint à se produire. L'illuminisme fut la poésie noire du catholicisme, la féerie de la religion. Ce fut l'inquisition assise dans les nuages et levant un front rêveur vers les étoiles. Venir ainsi après Voltaire et Diderot, c'était au moins singulier; mais un excès de crédulité est toujours bien près d'un excès de scepticisme.

Il fallait un brouillard à l'aurore de la Révolution. On en organisa un avec les chimères, les superstitions, les lubies, les extravagances et les sortiléges réunis de toutes les sociétés secrètes. On le peupla de toutes les intelligences mécontentes, inquiètes, enthousiastes, et même criminelles; et l'on eut bientôt un brouillard à couvrir la France.

Les illuminés, c'étaient un peu les Rose-Croix, les Francs-Maçons, les Convulsionnaires, les Martinistes. Leur doctrine, si toutefois ils avaient une doctrine, était un composé bizarre de cabale, de somnambulisme et de mysticisme. Il y entrait un peu de tout, comme dans le chaudron des magiciennes.

En peu de temps la secte des illuminés étendit ses ramifications d'une extrémité du monde à l'autre, en Allemagne, en Suède, en Pologne, en Écosse et en Irlande. S'il faut en croire quelques Mémoires contemporains, c'est elle qui conçut le système gigantesque d'une révolution embrassant l'univers, et dont la France ne devait servir de théâtre que pour une première explosion. Des émissaires étaient répandus sur toute la surface du globe, et, par des jongleries habiles, préludaient aux catastrophes de l'ère nouvelle.

Le plan général consistait dans le renversement du culte et dans l'extinction de la monarchie, ainsi que l'atteste ce distique, trouvé plus tard dans les papiers de Catherine Théot :

Ni culte, ni prêtres, ni roi,
Car la nouvelle Ève, c'est toi.

Cette Catherine Théot, dont on avait à dessein changé le nom en celui de Théos, qui signifie divinité, n'était autre qu'une paysanne de Normandie, venue à Paris pour y faire des ménages, et en qui s'était révélé un jour l'esprit de prophétie.

Elle se faisait passer pour la mère de Dieu, descendue sur terre pour la rédemption du genre humain. Le ciel l'avait conduite sur le quai des Théatins, où *elle avait acheté pour deux sous* une estampe représentant le triomphe de la Justice et de la Religion. A l'entendre, elle devait vieillir jusqu'à soixante et dix ans, pour rajeunir ensuite, éclatante de beauté, dans l'enfantement miraculeux d'un Messie nouveau. « Alors, disait-elle, les idoles et les temples seront renversés, les trônes des rois mis en poudre. Je serai la pierre angulaire du royaume de Dieu sur la terre; c'est moi qui choisirai les justes et qui commanderai aux soldats du dieu des armées. La population du globe sera réduite à quarante mille élus, immortels comme moi, et qui chanteront mes louanges! »

En attendant la réalisation de ces merveilles, la mère de Dieu commença par habiter un méchant galetas, chez une veuve de la rue de la Tixeranderie. Elle eut des disciples, et le don des visions se manifesta en elle de telle sorte que l'attention de la police en fut éveillée. On enferma Catherine Théot à la Bastille, sans s'inquiéter davantage de ses prédications; puis, au sortir de là, elle fut transférée dans un hôpital, où elle séjourna très-longtemps, à cause des atteintes qu'avait subies sa santé par suite de l'usage immodéré des pénitences ascétiques. La pauvre femme, non satisfaite de se déchirer à coups de discipline, portait toujours sur elle un cilice de crin avec des bracelets et des jarretières de fer.

— Êtes-vous donc une assez grande pécheresse pour être obligée de vous servir d'aussi rudes instruments? lui demanda le commissaire de police.

— Ce sont les nations que je flagelle en moi, répondit Catherine, jusqu'à ce qu'il plaise à Dieu de les sauver toutes.

Plus tard elle alla demeurer dans la rue Contrescarpe-Saint-Marcel. Ce fut dans ce nouveau logement que sa réputation s'étendit, et qu'elle se trouve bientôt à la tête d'une foule de sectaires, et le chef des illuminés à Paris. Sa personne devint désormais inviolable. Les gens les plus considérés ne dédaignaient pas d'aller faire visite à la mère de Dieu, et l'on citait tout haut les meilleurs noms de la cour parmi les affiliés à cette congrégation.

La marquise de Chastenois, la baronne de Chalabre et le prophète Élie y donnaient le ton publiquement. On ne rencontrait plus dans chaque quartier que des individus se faisant des signes et se traçant avec le doigt une barre au-dessus des sourcils. Encore taisons-nous les soi-disant miracles dont la France entière a retenti, les lépreux et les paralytiques guéris par Catherine Théot, *le bon Dieu aperçu voltigeant sur son tablier,* les nouveau-nés soumis à sa bénédiction, enfin tout ce qui constitue et complète une auréole de sainteté.

On se réunissait deux fois par semaine chez cette fameuse visionnaire, et les séances se prolongeaient quelquefois fort avant dans la nuit. Un mot de passe et les signes convenus suffisaient à reconnaître les initiés.

Le même soir du jour où nous avons fait assister

le lecteur à une conversation entre la marquise de Perverie et M. de Robespierre, ce soir-là, disons-nous, entre dix et onze heures, un homme se tenait embusqué au coin de la rue Contrescarpe. C'était Émile.

Après avoir vu entrer sucessivement chez Catherine Théot, pendant l'espace de vingt minutes, une cinquantaine de personnes, hommes et femmes, il se glissa à la suite d'un groupe et pénétra à son tour dans la maison, à la faveur de la phrase de reconnaissance qu'il prononça comme les autres. Il monta trois étages. Arrivé au quatrième, où demeurait la nouvelle Ève, il vit un homme vêtu d'une robe blanche, qui se tenait debout, à côté d'une porte ouverte.

—Frères et sœurs, soyez les bienvenus, dit-il, aux nouveaux arrivants.

Il les introduisit dans une grande pièce, éclairée seulement par un flambeau à trois branches, posé sur le tapis vert d'une table. La masse des disciples était assise sur des bancs de bois, au nombre de douze ou quinze. Émile alla s'asseoir sur l'un des derniers, rempli de crainte, oppressé par son audace, et étouffant le craquement de ses souliers. Cependant il se rassura un peu; personne n'avait tourné les yeux de son côté.

Sa première pensée, aussitôt qu'il se sentit remis de son émotion, fut de chercher à reconnaître parmi les assistantes celle qu'il était venu y chercher. Mais, outre qu'il se trouvait derrière tout le monde, la demi-obscurité qui régnait dans la salle apportait un obstacle à sa curiosité.

Catherine Théot n'avait pas encore paru. Pour reprendre patience, il examina curieusement le lieu où il se trouvait et les étranges dispositions de l'ameublement. D'énormes poutres noirâtres traversaient le plafond et pesaient de toute la force d'une tristesse séculaire sur l'auditoire silencieux. Les murs, d'une nudité malpropre, étaient décorés d'estampes emblématiques, telles que le triangle des Hébreux, la croix de Jésus de Nazareth, et le jardin d'Éden au milieu duquel s'élevait l'arbre fatal des sciences. On voyait aussi représentés : Les sept plaies d'Égypte, les sept douleurs de la Vierge, les sept sacrements, les sept allégresses, les sept péchés capitaux.

Dans un cadre noir, une amulette en carton laissait pendre, attachées à des nœuds de rubans, quelques-unes des prophéties les plus ténébreuses de Michel Nostradamus.

Trois fauteuils occupaient le fond de la salle : un fauteuil blanc, élevé sur trois marches; au-dessous et à droite, un fauteuil bleu; à gauche, un fauteuil cramoisi. Le silence était profond. Depuis un quart d'heure il n'arrivait plus personne; l'assemblée paraissait au complet. Ce fut alors qu'une femme, désignée sous le nom de l'*Éclaireuse*, entra.

— Enfants de Dieu, dit-elle, préparez-vous à chanter la gloire de l'Être suprême.

Une sonnette tinta.

Aussitôt les deux rideaux d'une alcôve s'écartèrent, et dans leur entre-bâillement apparut une figure de vieille. C'était Catherine Théot. Elle s'avança lentement, grande, sèche, presque diaphane, les yeux fixes, ne regardant personne. Sa tête et ses mains étaient dans un perpétuel mouvement. Elle se dirigea vers le fauteuil le plus élevé. Deux femmes la conduisaient; lorsqu'elle fut assise, elles se prosternèrent, baisèrent ses pantoufles, et se relevèrent en s'écriant :

— Gloire à la mère de Dieu !

Puis ces deux femmes se placèrent sur les deux siéges qui étaient à la droite et à la gauche de Catherine Théot. Celle qui occupait le fauteuil cramoisi s'appelait Rose, dite *la Colombe;* elle était brune, fraîche, bien faite et de tout point agréable à voir. L'autre, jeune et jolie blonde, n'était connue que sous le nom de *la Chanteuse.*

On apporta une aiguière ; Catherine Théot se lava les mains et les essuya avec un linge blanc. Tout le monde était dans l'attente ; on eût entendu le vol d'une mouche. Émile, caché dans les derniers rangs, regardait avec stupeur.

— Enfants de Dieu, dit l'*Éclaireuse*, votre mère est au milieu de vous.

Un murmure de respect courut dans l'assemblée, qui s'inclina comme une seule tête. La vieille Catherine, assise, ne bougeait plus ; et n'était le tremblement nerveux qui l'agitait, à ses mains jointes, à son regard fixe, on l'eût prise volontiers pour une de ces figures de bonnes femmes si communes dans la décoration des gothiques porches d'église.

Ce prologue fut suivi de la lecture de deux évangiles, celui de Noël par la *Chanteuse*, et celui de la Passion par la *Colombe*.

Quand ils furent achevés tous les deux, l'*Éclaireuse* alla chercher une baguette derrière le fauteuil blanc, et revint en prononçant ces paroles :

— Mère, il y a ici trois profanes qui demandent l'initiation.

Catherine Théot leva la tête, murmura quelques paroles que l'on n'entendit pas, et prit la baguette des mains de l'*Éclaireuse*. Sur un geste de celle-ci, trois personnes, qui étaient placées sur le banc du devant, deux hommes et une femme, se levèrent.

— Ton nom ? demanda l'*Éclaireuse* au premier.

— Fantin Désodoarts.

— Ton âge ?

— Cinquante ans.

— Ta profession ?

— Vicaire-général d'Embrun.

Elle passa ensuite au second, qui était un beau jeune homme.

— Mon nom est Jean Tallien, répondit-il, apprenti imprimeur.

— Ton âge ?

— Vingt ans.

Restait l'interrogatoire de la femme, sur qui l'attention générale était portée.

Elle était grande, et son attitude droite et fière développait encore l'élégance de sa taille, recouverte par une robe d'une étoffe sombre mais riche. Sa tête était remarquable de hardiesse ; elle avait un œil qui jetait la flamme, une bouche entr'ouverte comme celle des courtisanes, et un cou merveilleux par l'onduleuse arrogance de ses attaches. On admirait aussi la richesse de sa chevelure, d'un noir d'encre.

Elle s'était avancée. Une excessive mobilité dans tous les traits formait le cachet distinctif de sa physionomie. A l'*Éclaireuse*, qui lui demanda son nom, elle répondit d'un ton cavalier, mais avec un fort accent flamand :

— Anne-Josèphe Théroigne, dite *la Liégeoise* ; vingt-neuf ans.

Sur un signe de la baguette, les trois récipiendaires se mirent à genoux. L'*Éclaireuse* continua :

— Levez la main droite, et répondez.

Les trois mains se levèrent en même temps.

— Jurez-vous, promettez-vous de répandre jusqu'à la dernière goutte de votre sang pour soutenir et défendre, soit l'arme à la main, soit par tous les genres de mort possibles, la cause et la gloire du Tout-Puissant ?

— Je le jure, répondirent les trois voix.

— Jurez-vous obéissance et respect à la mère de Dieu, ici présente ?

— Je le jure !

— Promettez-vous soumission aux prophètes de Dieu et à leurs ministres ?

— Oui.

Alors l'*Eclaireuse* ouvrit le livre de l'Apocalypse, et dit :

— Les sept sceaux de Dieu sont mis sur l'Évangile de la vérité, cinq sont levés ; Dieu a promis de se révéler à notre mère à la levée du sixième ; quand le septième se lèvera, prenez courage ; en quelque lieu que vous soyez, quelque chose que vous voyiez, la terre sera purifiée ; tous les mortels périront, mais les élus de la mère de Dieu ne mourront pas, et ceux qui seront frappés d'un accident quelconque ressusciteront pour ne jamais mourir.

Cela dit, l'*Éclaireuse,* après s'être inclinée de nouveau, se rassit sur son fauteuil cramoisi.

Tous les yeux se tournèrent vers Catherine Théot qui avait étendu la main droite et qui semblait sortir d'une méditation profonde. Sans se lever elle prit la parole. Sa voix était faible, mais claire et accentuée ; les mots étaient lents :

— Voici ce qui est dit dans le prophète Daniel, chapitre 7 :

« Alors je vis un ange, debout dans le soleil, qui cria d'une voix forte, en disant à tous les oiseaux qui volaient au milieu de l'air : Venez et assemblez-vous pour être au grand souper de Dieu, afin de manger la chair des rois, la chair des officiers de guerre, la chair des puissants, la chair des chevaux et des cavaliers, et la chair des hommes libres et esclaves, petits et grands ! »

— Ce beau souper, continua-t-elle, vous le verrez dans peu, mes enfants, dans peu ; tout l'assure. Il sera présidé par Dieu mon fils et par Dieu mon petit-fils. Les enfants tressailleront dans le sein de leur mère ; au lever de ce jour bienheureux, la terre paraîtra riante de fleurs, de fruits et de moissons, comme le paradis de vos premiers pères. Entendez-vous là-bas sonner les trompettes, et voyez-vous marcher sur les nues l'archange tenant en main l'épée qui flamboie ? Mes pieds se préparent, tendent et se dirigent dès ce moment vers vos parvis, ô céleste Jérusalem, vraie cité de Dieu ! O mes enfants, mes élus, vous à qui j'ai donné tout l'amour de mon cœur, serrez-vous bien autour de ma vieillesse, car je sens venir la fin de mon pèlerinage terrestre, et l'heure va prochainement sonner où ma transformation divine s'accomplira... Et vous, les nouveaux fils de la mère de Dieu, approchez pour recevoir les sept baisers.

Sur cette injonction, les trois récipiendaires, Fantin Désodoarts, Tallien et Théroigne s'agenouillèrent de nouveau, pendant que la *Chanteuse* leur imposait les mains.

Catherine Théot descendit solennellement les trois marches sur lesquelles était exhaussé son fauteuil. Prenant chacun à part, elle lui baisa le front, les yeux, le nez, les joues, les oreilles, le menton et la bouche, accompagnant ce dernier baiser des mots sacramentels ;

— *Diffusa est gratia in labiis tuis;* la grâce est répandue sur tes lèvres.

A son tour chacun des initiés rendait les mêmes baisers à Catherine Théot, qui lui disait en finissant :

— Fils de Dieu, élu de la mère de Dieu, tu as reçu les sept dons, tu es immortel.

Puis elle traça avec le pouce un signe en forme d'équerre sur le front de Tallien et du prêtre Fantin Désodoarts; elle traça le même signe sur le cœur de Théroigne de Méricourt. L'initiation était complète. Catherine Théot remonta sur son fauteuil blanc, et la partie vocale de la séance commença. Ce fut d'abord un chœur général entonné par les prosélytes, sur l'air de *Charmante Gabrielle.* La *Chanteuse* et la *Colombe* vinrent ensuite et chantèrent en duo plusieurs cantiques composés exprès pour la circonstance, et dont le sens principal était la punition de tous ceux qui n'avaient pas cherché leur refuge au sein de la mère de Dieu.

Émile répétait les refrains, comme faisaient tous les illuminés, mais il ne revenait pas de l'étonnement dans lequel ce monde étrange l'avait plongé; il se demandait avec effroi ce que signifiait tout cela.

— Suis-je avec des fous? se disait-il de temps en temps.

Ce que pouvait venir faire dans un tel antre la marquise de Perverie, une femme si honorée et d'une si droite raison, voilà surtout ce qui l'étonnait, ce qui confondait ses idées...

Les chants cessèrent. Ils furent remplacés par la lecture de plusieurs rapports faite par l'*Éclaireuse*. Cette femme, maigre et grande, elle aussi, était celle qui instruisait les catéchumènes et qui semblait investie du vicariat de la prophétesse. Elle donna connaissance aux adeptes, qui l'écoutaient avidement, de deux ou trois lettres datées de l'étranger et signées des plus célèbres propagandistes, tels que Downie, Cambe et Bœhmer. D'après cette correspondance, tout s'organisait pour le prochain triomphe de l'œuvre et la régénération du globe.

Il y eut également, en guise d'intermède, un rapport sur une proposition du chevalier d'Elbée, qui demandait la création d'un ordre de chevalerie pour les femmes, avec les décorations et les titres y relatifs. Ce chevalier avait imaginé de frapper d'un impôt le rouge, les gants et les éventails, dans le but de subvenir aux besoins pécuniaires de l'ordre. Il fut passé outre à sa proposition.

L'*Éclaireuse* finissait la lecture de ces divers documents, quand un homme, en qui Émile reconnut M. de Robespierre, s'approcha d'elle et lui murmura quelques mots à voix basse. Alors l'*Éclaireuse*, se retournant vers Catherine Théot et s'inclinant, lui dit :

— Mère, notre chère sœur inspirée, Suzette Labrousse, est là qui demande la parole.

A ces mots, et sur un signe d'adhésion de Catherine, une femme que l'on n'avait pas encore vue se leva de dessus un escabeau où elle se tenait assise dans l'angle le plus obcur de la salle. Son costume était celui des *Tiercelettes* ou tiers-ordre de Saint-François, et se composait d'une grossière robe de bure ceinte aux flancs par un cordon. Bien qu'elle eût passé la quarantaine et qu'elle louchât un peu, elle pouvait encore passer pour une belle femme par la fraîcheur de son teint et l'éclat de sa robuste santé. Ses pieds étaient nus.

— Chers frères et chères sœurs en Dieu, dit-elle, le bruit de ma réputation m'aura sans doute précédée parmi vous. Voilà vingt ans que je travaille à la conversion du genre humain. Voilà vingt ans que Jésus-Christ m'est apparu en me disant : Quitte la maison de ton père et de ta mère; va parmi le monde en inconnue et en mendiante, parce que je veux, par une simple fille, réduire les grands de la terre et remédier aux maux de mon Église. Depuis cette époque, chers frères et sœurs, je n'ai pas cessé un seul instant de mener une vie d'abstinence et de mortification, afin de mériter les dons célestes. J'ai couché l'hiver sur le plancher, j'ai mêlé de la cendre et de la suie à mes aliments; j'ai châtié mon odorat en respirant des odeurs fétides; la nuit j'ai appliqué de la chaux vive sur mon visage. Mais Dieu n'a pas voulu que sa créature succombât dans ces épreuves volontaires, et il a récompensé les élans de mon amour en m'appelant à la haute mission que je poursuis. Il y a douze ans que je vais de ville en ville, de bourgade en bourgade, annonçant la destruction des ordres religieux, l'abaissement de la noblesse et la réunion de toutes les nations du monde en une même famille. L'Esprit saint est descendu sur moi et m'a révélé le véritable sens de l'Évangile, celui qui seul deviendra le code du clergé, que Rome le veuille ou non, et qui fera rentrer l'Église dans sa vérité primitive. La plupart de vous, chers frères et chères sœurs, ont lu sans doute mes prédictions commencées en 1766; plusieurs d'entre elles se sont déjà réalisées, le temps achèvera le reste. Les œuvres de la Providence confondront bientôt toute raison humaine et renverseront les projets les mieux établis. Demandez donc à Dieu un remède court et prompt pour réveiller et guérir la terre; élevez pour tous les peuples vos yeux et vos cœurs vers le ciel, et que votre vie, comme la mienne, soit un cri perpétuel pour leur conversion !

Elle s'interrompit un instant; puis, joignant les mains et élevant son regard, elle articula les phrases suivantes, en prenant un temps de repos après chacune d'elles :

— La France va être le centre de grands événements et le berceau des heureux triomphes... La conclusion sera un événement qui fera faire aux mortels des *oh!* et des *ah!* sans fin. Quant à moi, je ne dis mot, sinon que je serai comme un ver luisant qui, à l'approche de l'aurore, se retire dans son gîte... Le

temps où il faut que toute justice se fasse est arrivé.
Si on met du retard à seconder mes vues, une *saignée cruelle* s'ensuivra... Mais quoi qu'il arrive, et dût-il s'opérer quelque violence contre le gré ou le droit des gens, dussiez-vous être exposés à la pointe aiguë, je vous le dis et je vous le répète, bénissez et glorifiez le saint nom de Dieu, car rien ne se fait que par sa volonté et par sa justice!...

Suzette Labrousse avait prononcé cette dernière et prophétique partie de son discours d'une voix entrecoupée, haletante, en roulant des yeux extatiques et noyés, comme font toutes les sybilles et toutes les pythonisses.

L'auditoire était demeuré sous le charme de cette parole fiévreuse, et toutes ces poitrines se confondaient en une seule respiration. Si un peintre à larges ombres fût entré là par hasard, il eût trouvé un admirable sujet de tableau dans ces quinze rangées de têtes immobiles et attentives, reposant sur des cous tendus; dans ces yeux qui dardaient une lueur persistante et fauve, comme s'ils eussent voulu éclairer l'avenir; dans ces bouches entr'ouvertes et remplies d'une haleine chaude, au travers de laquelle il eût suffi d'exposer une allumette pour l'enflammer. Cela ne ressemblait à aucun tableau connu, ni aux mystères des premiers chrétiens dans les catacombes, ni aux prédications farouches des puritains dans les forêts et dans les cavernes anglaises. C'étaient d'autres masses teintes de couleurs autres, éclairées d'un de ces rayons cruels qui ne s'allument qu'en de certains quartiers de Paris, au fond des maisons oubliées.

Une sorte de prostration remplaça chez Suzette Labrousse l'effort quelle avait paru faire ; ses joues, tout à l'heure semblables à des charbons ardents, se revêtirent d'une pâleur morte ; ses bras retombèrent le long de son corps, et son regard alla se ficher en terre. Deux minutes se passèrent ainsi. Ce temps écoulé, la fille fanatique s'avança comme mécaniquement vers Catherine Théot, qui semblait assoupie. Arrivée devant elle, Suzette Labrousse resta un moment immobile et droite, puis elle descendit sur ses genoux, plutôt qu'elle ne s'y laissa tomber.

Ces deux femmes formaient un spectacle bizarre : l'une paraissait une cire animée par un souffle vacillant et prête à s'éteindre ; l'autre, forte nature, élevée à la campagne, ne représentait pas mal une rustique Cassandre, grâce à sa robe qui traînait comme un vêtement antique, et surtout au charme troyen de ses yeux louches. S'étant agenouillée, Suzette Labrousse dit :

— Sainte mère de Dieu, accordez-moi votre bénédiction, car je pars ce soir.

— Où vas-tu, ma fille ?

— Bien loin, bien loin, sainte mère, au delà des monts et des rivages, dans la ville éternelle.

— A Rome ?

— Oui, sainte mère.

— Et que vas-tu faire à Rome ? demanda Catherine Théot.

— Prêcher les principes de la liberté, et engager le souverain-pontife à abdiquer sa puissance temporelle [1].

— C'est bien, ma fille, répondit Catherine Théot ; puisse mon esprit t'accompagner sur les chemins et soutenir jusqu'au bout ton intrépide courage.

Et elle étendit sur elle ses deux bras décharnés

1. Elle alla à Rome, en effet, mais elle y fut enfermée par les ordres du Pape dans le château Saint-Ange, où elle resta plusieurs années. Ce fut le Directoire qui demanda et obtint sa grâce.

qui sortaient de sa robe blanche comme deux fuseaux, et au bout desquels tremblaient deux mains longues. Suzette Labrousse sortit gravement de la salle.

Un religieux silence suivit cet épisode, qui avait paru vivement impressionner l'assistance. Ce ne fut qu'après quelques moments livrés à la méditation, que la *Colombe* et la *Chanteuse* recommencèrent leurs hymnes.

Sur ces entrefaites, minuit et demi sonnèrent aux églises environnantes. Les chants s'arrêtèrent sur un signe de l'*Eclaireuse*, qui observait Catherine Théot avec inquiétude.

— Voici l'heure, dit-elle, où la mère de Dieu se retire habituellement pour prendre quelques heures de repos.

Ce signal fut compris de tous les néophytes qui se levèrent à la fois et en ordre, banc par banc, jusqu'au dernier. Tous se mirent à défiler silencieusement devant Catherine qui leur posait la main sur la tête.

Lorsque ce fut au tour d'Émile :

— Mes enfants, dit-elle, le jour des moissons célestes est proche; apprêtez-vous et songez que le sort de la patrie est dans vos mains...

Cinq doigts s'imprimaient sur le front du jeune homme, cinq doigts secs qui le brûlaient comme cinq fers rouges.

Il se dirigea vers la porte. Arrivé là, il trouva son chemin barré par une réflexion. Pourquoi était-il venu en ces lieux ? Où était la marquise de Perverie ?

Ramené par cette idée au sentiment de sa situation, il se rangea contre la porte dans un coin ténébreux, et s'effaça pour mieux voir. Les illuminés sortaient. Il les regarda l'un après l'autre.

Ce fut d'abord Tallien, le bel imprimeur, Tallien qui devait plus tard jouer des rôles si diversement éclatants ; ce fut Théroigne de Méricourt, l'amazone aux mains de laquelle il n'y avait de sabre trop pesant ni d'éventail trop léger ; ce fut l'historien passionné Désodoarts ; le docteur Quesvremont ; l'avocat Bergasse ; ce fut Jacques Cazotte, sombre et fin comme à l'ordinaire.

Il y avait aussi un gros d'hommes et de femmes du peuple, comme partout, éternel troupeau de Panurge, à qui tout abîme est bon pour faire la culbute. Tous ces gens passèrent, regardés successivement par notre héros.

Lorsqu'il n'en resta plus que cinq ou six, Émile acquit la certitude que la marquise de Perverie n'était pas venue ce soir chez Catherine Théot. Néanmoins il voulut attendre le départ du dernier illuminé. Bientôt il se vit seul dans cette pièce froide et nue; Catherine Théot était reconduite dans son alcôve par l'*Éclaireuse* et par les deux jeunes femmes qui remplissaient l'office de chanteuses. Le frisson d'une crainte inconnue le saisit, et il fit quelques pas pour sortir. Mais au moment où, dégagé de l'ombre, il allait franchir la porte, une femme vêtue de noir et couverte d'un voile apparut tout à coup sur le seuil. Il recula. La femme passa rapidement devant lui. Puis, arrivée au milieu de la chambre, elle se retourna, et du doigt elle lui fit signe de partir. Il obéit, dominé par une force supérieure; il avait compris que c'était la marquise de Perverie. C'était elle, en effet.

Abandonnons Émile un instant, et voyons ce que la grande dame venait faire chez la devineresse.

Elle s'agenouilla sur une chaise, et elle murmura lentement les paroles d'une oraison. Sa piété était si fervente, qu'elle n'entendit pas le bruit d'une porte qu'on ouvrait. Sa prière finie, elle s'avança vers l'*Éclaireuse* qui remplissait en ce moment les fonctions de sacristain dans ce temple mystique.

A la lueur de la lampe, baissée économiquement dès la fin de la séance, la marquise put voir les traits de cette femme quadragénaire, pâle, aux yeux brillants.

— Orphise ! appela madame de Perverie.

L'*Éclaireuse*, sans lever la tête, mit ses mains en ogive et devint immobile comme une sainte de pierre.

— Orphise ! répéta la marquise d'une voix impérieuse.

— Quel profane, dit la suivante, est resté dans le lieu saint après la retraite des enfants de Dieu?

— Quittez ce langage, Orphise ; ce n'est pas à la prêtresse que je parle, c'est à l'ancienne camériste de la Clarendon.

— Arrière, Satan ! prononça l'acolyte de Catherine Théot.

Esprit médiocre, facile à impressionner, Orphise avait fini par prendre son rôle au sérieux et par douter qu'elle eût jamais été autre chose que la diaconesse illuminée.

— Redevenez calme et écoutez-moi, continua la marquise.

— Le prophète Ézéchiel a dit...

— Je ne suis pas venue pour m'entretenir avec vous des affaires du ciel; et si vous ne voulez pas que je fasse connaître à tous votre passé scandaleux, songez à répondre exactement à mes questions.

Malgré sa cuirasse religieuse, il faut croire qu'Orphise n'était pas invulnérable à l'endroit de sa vie domestique, car la menace de madame de Perverie parvint à l'humaniser immédiatement.

— Que voulez-vous? dit-elle.

— Vous vous rappelez, n'est-ce pas, avoir été attachée à la personne de mademoiselle Clarendon?

— Oui, au temps où je n'avais pas encore entendu la voix du Seigneur.

— Vous ne pouvez avoir oublié l'un des événements les plus graves qui aient marqué dans la vie de votre ancienne et bonne maîtresse.

— Ayant consacré depuis longtemps toutes mes facultés au triomphe de la religion, je ne sais si mes souvenirs de pécheresse me sont restés.

— Dans la nuit du 3 mai 176., mademoiselle

Clarendon fut prise des douleurs de l'enfantement.

L'*Éclaireuse* posa son front dans sa main osseuse, puis, après un moment d'immobilité :

— Oui, dit-elle.

— Ah ! fit la marquise. C'est vous qui allâtes chercher le médecin ?

— Oui.

— Le nom de ce médecin ?

— Je ne me le rappelle pas.

— Sa demeure ?

— Attendez... non... ma mémoire a été tellement éprouvée que les choses d'autrefois s'en sont effacées toutes.

— Mais encore ne pourriez-vous me le désigner d'une façon ou d'une autre ?

— C'était un vieillard.

— Un vieillard ?

— Oui, maigre et très-haut, avec une grande canne, une grande perruque et un habit couleur de tabac ; de larges boutons ; une bonne et vénérable figure.

— Et puis ?

— Et puis... je ne sais plus... Ah! on l'avait surnommé, je crois, le *Médecin des pauvres.*

— Ne pouvez-vous en aucune manière me mettre sur la trace de cet homme?

— Le don de divination que Dieu m'a confié, dit l'*Éclaireuse* en reprenant son ton sacerdotal, ne s'étend point aux choses vulgaires de la vie.

— Qui pourra me donner une indication seulement? se demandait la marquise à elle-même.

Cette scène avait lieu dans une obscurité presque complète, car la lampe agonisait depuis quelques minutes, et ses reflets rougeâtres n'atteignaient plus le plafond ni les murs.

— Adieu, fit l'*Éclaireuse*.

— Un mot! un mot encore! s'écria madame de Perverie.

— Je vous ai déjà dit que je n'en savais pas davantage sur ce médecin; laissez-moi.

— Mais cet enfant, cet enfant!

— Personne n'en a jamais entendu parler. La nuit du 3 mai, je le remis à M. le duc, ainsi qu'il me l'avait ordonné.

— Voilà tout?

— Voilà tout. Peut-être le médecin est-il mieux informé... Mais pourquoi ne vous adressez-vous pas à la mère, si elle existe encore ?

La marquise regarda l'*Éclaireuse* d'un air étrange.

— La mère ? murmura-t-elle; non, je ne peux pas m'adresser à la mère...

La lampe n'avait plus qu'un souffle à vivre.

Tout à coup les rideaux de l'alcôve s'écartèrent, et Catherine Théot en personne, les cheveux épars, à demi nue, se montra aux deux femmes.

— L'*Éclaireuse !* l'*Éclaireuse !* appela-t-elle d'une voix qui ressemblait à un râle.

— Me voici ! dit l'ancienne camériste, qui s'élança précipitamment vers elle.

La lampe s'était éteinte... Une mèche rouge... de la fumée... puis rien.

Ce fut à tâtons que la marquise de Perverie gagna la porte.

IV

Le lendemain, dans l'après-midi, à l'heure accoutumée de ses lectures, Émile fut demandé par madame la marquise de Perverie.

Elle le regarda pendant un instant avant de lui adresser la parole. Il avait beau essayer de se persuader qu'elle ne l'avait pas reconnu la veille chez Catherine Théot, il ne pouvait reprendre son calme habituel.

— Si jeune ! murmura-t-elle.

Évidemment cet entretien allait être un interrogatoire. Il ne tarda pas à en être convaincu.

— Où passez-vous vos soirées, mon enfant ? lui demanda-t-elle.

— Souvent à l'hôtel, quelquefois en promenade.

— Quand vous restez à l'hôtel, qu'y faites-vous?

Il y avait dans la voix de madame de Perverie un ton de sollicitude qui le rassura.

— Je lis, dit-il.

— Quels livres lisez-vous?

— Ceux de la bibliothèque de madame la marquise.

— Mon Dieu! cette collection n'a pas été faite par moi. Je crains que le mal et le bien ne s'y trouvent en trop grand mélange.

— M. Turpin choisit lui-même les ouvrages qu'il croit utiles à mon éducation.

La marquise hocha la tête, comme si elle eût voulu exprimer son incertitude à l'endroit du jugement de son majordome.

— Et vos promenades, où vous portent-elles d'habitude?

— Mais...

— Quels quartiers parcourez-vous de préférence? continua-t-elle en attachant sur lui un regard scrutateur.

Émile balbutia quelques mots évasifs et sans suite.

— On vous a vu hier soir dans une maison éloignée d'ici, tout auprès de l'église Sainte-Geneviève.

— C'est vrai.

— Peut-être y connaissez-vous quelqu'un?

— Personne, répondit-il d'une voix très-faible.

— Alors, qu'y alliez-vous faire ?

Il ne répondit pas. Les paroles de la marquise, meute de questions acharnées, le pressaient et l'enveloppaient de toutes parts. Fallait-il tout avouer ? Madame de Perverie se méprit sur le motif de cette indécision, car l'orgueil inséparable de son rang, ou pour mieux dire, l'austérité de son caractère ne lui permettait pas de supposer que cet enfant, déshérité de la fortune et de la naissance, eût osé élever jusqu'à elle l'ardente poésie de ses rêves d'amour.

— Allons, reprit-elle, je suis persuadée que vous n'agissez pas de votre propre mouvement. M. Turpin, probablement, vous avait confié une mission afin de satisfaire son indiscrète curiosité.

— Oh! madame, interrompit Émile blessé au cœur par ce soupçon.

Le ton qui accompagnait ces paroles leur donnait une solennité devant laquelle le doute n'était pas possible.

— Non, madame la marquise, si je me suis trouvé hier chez Catherine Théot, c'est dans un motif tout différent de celui que vous me prêtez.

— Mais encore... ce motif?

— Je n'ose vous le dire.

— Je l'exige.

Émile demeura les yeux baissés, écoutant monter dans sa tête cette voix qui exigeait l'impossible. Le vertige faisait le siége de son âme, couvrait ses yeux comme avec des paumes de main brûlantes, lui ôtait toute force, toute haleine. Il en perdit la tête. Autour de lui s'effacèrent, dans un ensemble confusément harmonieux, les meubles élégants et tordus, les glaces encadrées de feuillages d'or, les fleurs pourpres du tapis, les riches bouquets expirant dans les orgueilleux vases de Saxe, tout ce puissant luxe rempli de murmures, de reflets et de parfums. Seulement, au milieu, dominait une forme qui était celle de la marquise, perdue en des vagues de satin, aveuglante vision, cheveux en forêt, doucement agités, peau admirablement blanche. Émile fermait les yeux, et il la voyait encore à travers ses yeux fermés; un bourdonnement insupportable se faisait sentir au dedans de lui ; c'était comme des carrosses qui lui passaient à travers le cerveau. Il portait la main à son cœur, et il entendait son cœur petiller, comme il arrive d'une poignée de sarments qu'on jette sur un lit de braise. Il absorba tellement de vie en ce moment unique, il ressentit à la fois, comme un coup de foudre prolongé, une si grande peur et de si magnifiques délices, qu'il crut fermement qu'il allait mourir. Dans cette persuasion, une de ses mains errantes chercha une console pour s'y appuyer et la rencontra. Son visage blêmit, il balbutia en dedans d'inintelligibles phrases ; et, fouillant dans sa poitrine par un mouvement machinal, il en retira un mouchoir qu'il porta à ses lèvres avec la suprême ivresse d'un mourant...

La marquise jeta un cri. Elle venait de reconnaître ce mouchoir qui était brodé à ses armes.

Elle s'élança pour le lui arracher, au moment où il rouvrait les yeux.

Voyant l'action de la marquise, il ne put que tomber à genoux, de loin, en étendant les mains, effrayé, implorant...

S'il est des fautes qui portent leur rémission avec

elles, celle que commettait Émile rentrait à coup sûr dans cette catégorie. Pendant une minute, la marquise de Perverie demeura pensive. Après un mouvement de fierté subjugué par la raison :

— Pauvre enfant! murmura-t-elle.

Ce mot contenait l'arrêt d'Émile, arrêt plein de clémence. Il le comprit.

Semblable à un malade, qui ne connaît la gravité de sa blessure qu'au moment où on la met à nu, Émile vit clair au fond de son âme. Il se sentit pris d'un retour subit, comme s'il eût posé des lèvres profanes sur une image de sainte; et le regard majestueusement attristé de la marquise enfonça plus avant le remords dans son cœur. Il promena ses yeux sur les portes; s'il s'en était trouvé une seule ouverte, il se serait élancé hors du salon, car sa confusion s'exhalait déjà par des larmes.

Après un silence, voici ce que la marquise lui dit, de sa voix douce et miséricordieuse :

— Ce n'est pas une inspiration délicate qui vous avait appelé hier soir dans la maison de Catherine Théot; vous obéissiez à une supposition blâmable pour la noblesse de votre âme, insultante pour la dignité de la personne que cherchaient vos yeux. Ne croyez pas, mon ami, que toutes les grandes dames, dont la vie vous semble inexplicable, soient à la recherche d'un brasier de plaisirs impies où les jours se consument comme dans un enfer anticipé. Le luxe au milieu duquel elles vous apparaissent, les éclairs que l'or et la soie font briller autour d'elles sont souvent plus lourds et plus horribles que le deuil et la pauvreté. Qui vous dit que tout cela ne cache pas un secret de douleur? qui vous dit que ces apparences mondaines ne recouvrent pas une œuvre d'expiation?...

Ces derniers mots, la marquise les prononça lentement et avec un soupir. Émile l'écoutait dans une sorte d'extase. Quand elle eut fini, il se précipita de nouveau à ses pieds, mais cette fois il était facile de reconnaître que l'admiration et le respect seuls l'animaient.

La marquise de Perverie lui tendit la main. Il la saisit et y posa respectueusement ses lèvres, chaudes comme des larmes. Puis il sortit.

La marquise était émue, une perle tremblait et brillait dans ses cils.

— Il est orphelin, dit-elle dès qu'elle fut seule !

A cette heure-là, les voix de l'Angelus s'éveillaient à Saint-Philippe-du-Roule ; le jour diminuait ; elle ouvrit une des fenêtres qui donnaient sur le jardin, et s'accouda.

Un quart d'heure après, la marquise était encore plongée dans les réflexions que lui inspirait son amitié protectrice, lorsqu'un valet lui apporta une lettre. Ce n'était pas un poulet, car il y manquait toute condition d'étiquette : point de parfum de musc ni de colombes au cachet. C'était un papier robuste et bien scellé, portant des estampilles de poste. Elle le saisit avec empressement.

— Son écriture ! murmura-t-elle quand le valet se fut retiré.

Elle brisa le cachet et lut la lettre que nous transcrivons ici :

« Bien chère et tendre sœur,

» Dieu soit avec vous, et la Vierge Marie vous ait sous sa sainte et puissante protection ! Du fond de ma cellule où mes jours s'écoulent en paix dans l'attente du Seigneur, je viens causer avec vous un instant, vous prévenant, si vous avez une réponse à me faire tenir, que nous entrons en retraite le 15 de ce mois, et que pendant la durée de cette dévotion il ne me serait pas permis de vous lire.

» Où en êtes-vous des recherches pénibles que vous a léguées une sœur que vous aimez de si bon cœur, malgré les irréparables désordres de sa jeunesse? La Providence vous a-t-elle permis de connaître enfin le sort de cette enfant si cruellement cédée par moi à l'heure de sa naissance? Est-elle morte victime de mon abandon? Ses petites mains s'élèveront-elles entre Dieu et moi, lorsque je subirai le jugement éternel? Je ne puis vous dire les tourments que me cause cette idée, ne trouvant point dans mon corps assez de larmes pour apaiser les remords qu'elle me donne. Et quand je pense à l'homme qui a si fatalement pesé sur ma vie, oh! je prie pour lui, le Christ m'en est témoin! Ma prière est comme une lave brûlante qui consume en moi tout ce qu'il y a d'humain.

» Au nom de votre salut éternel, ma sœur, efforcez-vous de bannir toute idée de vengeance ou même toute pensée de haine. Il ne nous appartient pas de juger les fautes ou les crimes d'autrui. Nul ne sait sur la terre à quel degré le plus grand coupable a démérité de la miséricorde du Sauveur.

» Hélas ! je pense à moi en écrivant cela. Celle qui n'a pas semé ne doit pas recueillir, et la femme qui n'a pas accepté les servitudes de la maternité ne doit pas en avoir les joies. C'est pourquoi, si, comme j'espère, vous retrouvez ma pauvre fille, il ne faut pas lui apprendre mon nom ni lui dire que j'existe encore. Seulement, au moyen d'un subterfuge aussi innocent que possible, vous me l'amènerez à la grille du parloir pour que je la voie une fois. Je vous promets de ne pas déchirer mes joues et mes mains au fer du guichet en m'élançant vers elle, et, si mes sanglots me suffoquent, vous lui direz que je suis une grande pécheresse. Oh ! ce ne sera pas mentir, car je puis dire comme le roi David : « Mes iniquités se sont élevées jusque par-dessus ma tête. » C'est pour cela que je ne reprendrai jamais ce titre de mère laissé par moi dans la boue du chemin. Ainsi peut-être, si ma pauvre fille est vivante, et si elle n'est pas tombée dans une infamie dont je serais responsable, je lui éviterai la honte de connaître ma vie et le danger de croire à une prédestination fatale.

» Adieu, ma sœur, ne tardez pas à me répondre, et, dans vos prières, n'oubliez pas

» Sœur Élisabeth-des-Anges. »

Comme des grains de plomb lentement égrenés un à un sur la lettre, on aurait pu entendre tomber les larmes de la marquise. Elle reploya le papier, le baisa dévotieusement, et le mit dans son sein. Ce qu'il y eut de rêveries, de commentaires à la suite de cette lecture, nul ne le sait. Madame de Perverie venait de s'affaisser sur un sofa, comme si elle eût trouvé une volupté à s'abandonner à ses réflexions.

Le bruit d'une espagnolette grinçant à l'une des croisées du salon la fit se redresser précipitamment. Elle entr'ouvrit les rideaux. Un personnage, qu'elle ne reconnut pas d'abord, enjambait l'appui de la fenêtre. Elle poussa un cri et courut au cordon de sonnette, mais l'étrange visiteur l'avait suivie de près : il arrêta sa main sur le soyeux pompon. Pâle de crainte, elle se retourna. C'était M. le duc de Noyal-Treffléan qu'elle avait devant elle.

Il salua en souriant, et fit rentrer son épée sous les basques dérangées de son habit.

Madame de Perverie, la tête haute, la main encore tendue vers la sonnette, le regardait. Il parla le premier.

— J'ai besoin de m'excuser, marquise, non pas de ma visite en elle-même, mais de la vulgarité du moyen auquel vos rigueurs m'ont forcé de recourir aujourd'hui. L'entrée par la fenêtre est usée même au théâtre; mais que voulez-vous? je n'avais pas le choix, puisque vous m'aviez refusé votre porte.

— Quoi! pour vous-même, M. le duc, il ne vous a pas semblé inconvenant...

— De prendre une pareille voie? Ma foi! non. Je passais en voiture dans la petite ruelle qui longe votre jardin lorsque, en mettant la tête à la portière, j'aperçus votre gracieux visage encadré dans les draperies de cette croisée. Alors je fis arrêter ma voiture; mon cocher me prêta ses épaules, et j'escaladai la muraille, grâce à vos espaliers qui, par parenthèse, sont très-beaux; recevez-en mes compliments.... des poires superbes!

— M. le duc, un tel scandale...

— Marquise, je me roulerais à vos genoux, si je n'étais si fatigué.

Et il se jeta sur le sofa.

Madame de Perverie était excessivement pâle. Une légère contraction aux commissures de ses lèvres trahissait une émotion plus forte qu'elle n'eût voulu la laisser voir.

— Ce qui me confond, reprit le duc de Noyal-Treflléan, c'est que vous vous inquiétez d'un... scandale, comme vous dites, auquel tout Paris s'attend depuis quinze jours. On sait que je suis amoureux fou de votre radieuse personne, et c'est à peine si j'avais encore accompli la moindre extravagance pour vous être agréable.

— Vous, amoureux de moi !

— L'ignorez-vous, marquise ? ce serait nier d'une cruelle manière la puissance de mes soupirs... et celle de vos regards.

— Dites plutôt que ce serait les réduire à leur simple valeur.

Le duc était homme à croiser longtemps la phrase, comme un bretteur de dialogue ; mais la marquise demeurait d'une froideur à lasser Marivaux lui-même.

— Çà, madame, reprit-il en changeant de ton, oubliez-vous que vous avez eu quelque attention pour moi ?

— Comment l'entendez vous, monsieur le duc?

— Vous exigez que je mette des points sur les i?

— Oui, car l'heure est venue où je dois en faire autant de mon côté.

— Ah! dit-il en voulant prendre à la marquise une main qu'elle retira aussitôt, cette parole me réconcilie avec votre sévérité. Vous voulez savoir si j'ai bonne mémoire, soit ; cela me fera peut-être tort dans votre esprit, mais enfin, vous l'exigez ; je vais donc rappeler tous les encouragements que vous avez donnés à ma flamme ou tous les piéges que vous avez tendus à ma fatuité.

Le duc de Noyal-Treffléan, s'apercevant que la marquise était restée debout, se leva, lui avança un siége, en prit un pour lui, et continua en ces termes :

— Marquise, vous avez commencé la guerre un jour d'été à Versailles, chez madame de Guémenée. C'était la première fois que nous nous rencontrions. Dès que mon nom a été prononcé, vous m'avez jeté votre regard comme un lacet autour du cou. Vous ne vous en êtes pas tenue là : un de vos agents, détaché à mes trousses, m'a suivi, d'après vos ordres, pendant un laps de temps que je ne saurais dire. En convenez-vous ?

— Parfaitement, répondit-elle.

— Alors je conviendrai, moi, que j'ai failli faire dévorer l'agent de vos indiscrétions par un jeune tigre qu'on m'avait envoyé de Madras, et qui est mort de chagrin pour avoir entrevu cette proie sans s'en être rassasié. Néanmoins vos investigations ne cessèrent pas, et l'agent que je vous renvoyai à moitié mort de peur, fut remplacé par un autre.

— C'est encore vrai.

— Vous avez, en outre, pris à votre service tous les valets que je chassais de chez moi. Vous les interrogiez sur mes actions, sur mes habitudes, sur ma vie passée et présente.

— Après, M. le duc ?

— Après, marquise ? Quoi, cela ne vous semble pas suffisant ?

— Je vous demande si vous avez d'autres choses à me reprocher.

— Mille autres.

— J'écoute.

— Bref, il m'aurait fallu un teneur de livres spécial si j'avais voulu le compte exact de toutes vos curiosités à mon égard. Aussi je me résume : partout vous vous êtes occupée de mes actions les plus folles et les plus insignifiantes. Quand nous nous sommes rencontrés, dans le monde ou ailleurs, vous m'avez fait de vos regards une prison de feu. Donc, marquise, vous m'aimez au moins autant que je vous aime ; démentir les preuves de votre amour, ce serait vouloir nier les clartés du soleil !

Le duc, pour mieux accentuer ces derniers mots, avait mis un genou sur le tabouret de madame de Perverie ; mais celle-ci s'étant levée et reculée, il se trouva qu'il s'adressait à une mignonne Philis, brodée sur la tapisserie du fauteuil.

— M. le duc, dit la marquise d'une voix qu'elle s'efforçait de rendre calme, vous vous êtes trompé.

— Bah !

— Immensément, je vous le jure.

— Délicieusement d'abord.

— Toute votre erreur repose sur une fausse interprétation des causes qui m'ont fait agir.

— Tant pis, marquise, vous avez planté l'erreur, je vous préviens qu'elle a pris racine.

— C'est l'âme pleine de douleur et non d'amour que j'ai pénétré dans votre vie privée.

— Je ne comprends pas.

— Mais, M. le duc, examinez donc un peu mon visage; voyez en ce moment ce qu'il y a sur mes lèvres et sur mon front; sont-ce des lignes de joie et des tressaillements de bonheur?

— Bah! ne se pourrait-il pas que votre physionomie me trompât comme votre parole?

— Écoutez donc, et tout va vous être expliqué d'un seul mot.

— Vite, ce mot.

— Je suis la sœur d'Hélène Roux, devenue, grâce à vous, la Clarendon.

— La Clarendon?...

Le duc prit du tabac, et leva les yeux au plafond comme quelqu'un qui cherche.

— La Clarendon? répéta-t-il; du diable si je me souviens...

— Vous l'avez oubliée!

— C'est absolument comme si je vous disais : Voyez ce chemin, cherchez-y l'ornière qu'y fit un de mes carrosses, il y a quinze ou vingt ans.

— M. le duc, n'insultez pas une de vos victimes agenouillée aujourd'hui devant Dieu.

— Chacun son tour : les dieux s'agenouillaient autrefois devant elle. Mais, madame, veuillez me dire comment, vous, marquise de Perverie, vous vous trouvez être la sœur de cette petite que je me rappelle à peine.

— Hélas ! ce mystère n'honore pas la mémoire de feu le baron de Mauguillain, mon pauvre père; mais n'importe, je dois tout dévoiler.

— Pardieu ! fit le duc, vous me mettez sur la voie; je gage que la mère d'Hélène Roux a été la Clarendon du baron de Mauguillain.

— Oui, monsieur.

— Il ne m'en faut pas davantage.

— Pardonnez, je tiens à ce que vous connaissiez cette histoire dans tous ses détails. La mère d'Hélène Roux était mariée à un malheureux ouvrier, qui mourut de débauche et de pauvreté dans une mansarde du quartier Saint-Eustache ; elle donna à mon père une fille à l'existence de laquelle il s'intéressa pendant quelques années, puis un beau jour il abandonna la mère et l'enfant. Ce ne fut qu'à son lit de mort que le souvenir lui en remonta au cœur. J'étais femme, il me confia ses inquiétudes. Hélène fut facilement retrouvée, quoiqu'elle eût changé de nom. Sa mère n'existait plus, et elle, livrée à tous les vices depuis l'âge de quatorze ans, déjà vieille quoiqu'elle en eût trente à peine, apparut aux yeux de mon père comme la personnification de tous ses remords. Ah ! M. le duc, si vous eussiez vu cette scène...

— J'aurais applaudi, dit-il.

— Si vous eussiez entendu les reproches que la pauvre fille adressait au baron ! Il n'y avait cependant que de la douceur et des larmes dans sa voix, mais c'était à vous attendrir vous-même, oui, vous !

— Avoua-t-elle à votre père que j'avais été au nombre de ses gendres ?

—Ce fut à moi, monsieur, qu'elle avoua toutes ses erreurs.

— Ce dut être un long entretien.

— Peu de temps après, mon père, avant de rendre l'âme, nous faisait jurer de nous aimer comme issues du même sang.

— Et c'est ainsi, marquise, que vous vous croyez

la sœur de la Clarendon. Les familles seraient nombreuses si la mode venait d'adopter ainsi toutes les parentés illégitimes. Mais enfin, qu'y a-t-il encore de commun entre moi et votre sœur?

— En se retirant du monde...

— Ah! elle est entrée dans un couvent?

— Dans un couvent de Carmélites.

— Continuez.

— En se retirant du monde, reprit madame de Pervérie, cette infortunée m'a légué une œuvre d'expiation, que vous soupçonnez sans doute.

— Non... A moins que ce ne soit la mission de me consoler de ses infidélités passées.

— Pourquoi, après avoir fait d'elle une mauvaise fille, avez-vous tenu à ce qu'elle fût une mauvaise mère?

— En effet, je me rappelle certaine anecdote...

— Certain marché, vous voulez dire.

— C'est vrai. Ce fut une vente à l'enchère, où je me rendis acquéreur d'une enfant sur laquelle je voulais tenter une expérience morale.

— Cette enfant... où est-elle?

Madame de Perverie attendait une réponse avec anxiété.

— Vous êtes curieuse.

— Où est cette enfant, M. le duc? répondez, et je vous pardonne tout le mal que vous m'avez fait.

M. de Noyal-Tréfléan sourit.

— Moi, je vous ai fait du mal?

— Oui, je vous expliquerai cela tout à l'heure... mais tranquillisez-moi à l'égard de cette enfant... Toutes mes investigations ont échoué, je n'ai pu surprendre ce secret, tant vous l'avez environné de ténèbres... je me vois forcé de vous demander à vous-même ce qu'est devenue votre fille?

Le duc fouetta de ses ongles la dentelle de son jabot; puis, du bout des lèvres et du ton le plus indifférent:

— Allons! cette Clarendon est très-habile, dit-il; elle aura su vous persuader qu'elle aimait encore quelqu'un ou quelque chose.

— M. le duc, ce n'est pas à la Clarendon, c'est à moi que vous parlez. Qu'est devenue cette jeune fille?

— Elle est morte, dit-il.

— Morte !

— Mon Dieu, oui ; une voiture lui a passé sur le corps un jour que je venais de la faire sortir de l'hospice où elle vivait depuis sa naissance. Cette sotte ne savait pas marcher dans Paris.

Madame de Perverie fixa sur le duc des yeux pleins de dégoût et de haine. Ses lèvres serrées renvoyaient à son cœur des mots qui eussent flétri l'horrible insensibilité de cet homme.

— Écrasée ! reprit-elle. Y a-t-il longtemps de cela ?

— Quinze jours... trois semaines... peut-être un mois.

— Est-ce votre propre voiture qui a été l'instrument du supplice ?

— Non, c'est un fiacre, répondit-il en respirant une fleur qu'il venait d'arracher à un vase de la cheminée.

— Pauvre enfant ! fit-elle en levant les yeux au ciel.

— Elle n'était vraiment pas laide, ajouta le duc de Noyal-Treffléan ; des cheveux blonds, une jolie taille, un pied...

— Assez, monsieur ! dit la marquise.

L'indifférence monstrueuse du duc lui semblait

affectée, tant elle pouvait peu s'en rendre compte. Il lui vint à la pensée que ce récit n'était qu'une fable imaginée pour déjouer ses recherches. En cela elle se trompait ; le duc de Noyal-Trefléan croyait réellement à la mort de Trois-Mai, Soleil lui en ayant raconté les prétendus détails.

Il reprit :

— Ma foi, je suis de votre avis, c'est assez causer de ces fadaises ; revenons à mon amour pour vous.

— Quoi ! malgré ce que je vous ai dit...

— Vous ne m'avez rien dit qui prouvât que vous ne m'aimiez point

Madame de Perverie recula de nouveau. Une lueur sinistre éclaira sa physionomie.

— Eh bien ! M. le duc, je vais maintenant vous prouver que je dois vous haïr.

— Je n'ai jamais désespéré des femmes qui commencent par là.

— Et des épouses que vous avez rendues veuves ?

— Je m'éloigne discrètement de celles-ci, parce que je n'aime pas la reconnaissance.

— Vous avez tué mon époux, monsieur !

Le duc sourit.

— Bah !

— M. le marquis de Perverie est mort d'un de vos coups d'épée.

— C'est impossible.

— Son fer s'était brisé contre le vôtre, et vous avez eu la cruauté de continuer le combat !

— Attendez… mais c'est encore de l'histoire ancienne que vous me racontez là… Le marquis de Perverie était donc ce fidèle servant de madame de Tessé, avec qui j'eus dispute un matin ? Parbleu ! j'en ai vaincu bien d'autres sans m'informer de leurs noms ! Où celui-là achetait-il donc ses lames ?

— M. le duc !

La marquise étouffait.

Ici nous devons une courte explication. Le marquis de Perverie, bien qu'adoré de sa femme, avait été un de ces insensés qui tirent leur vie à quatre passions : le jeu, le vin, le duel et l'amour. Les causes de sa mort étaient toujours restées ignorées, même de la plupart de ses amis. Par respect pour la sainteté du lien qui l'avait unie à cet homme, la marquise ne répondait jamais aux questions des importuns. La version la plus accréditée était donc que M. de

Perverie était mort subitement dans sa terre de Bretagne, près de Nantes.

— Je vois qu'à mon insu, reprit le duc de Noyal-Treffléan, j'étais depuis longtemps mêlé à vos destins ; je ne m'étonne donc plus de la passion que vous m'avez inspirée la première fois que je vous ai vue.

— Encore ! fit la marquise stupéfaite.

— Comment, encore? après ce que j'ai fait pour vous!

— M. le duc, je vous ai dit tout ce que j'avais à vous dire. Souffrez que je me retire maintenant.

— Quelle funeste opinion emporteriez-vous de moi, si je le permettais?

En homme de stratégie, le duc de Noyal-Treffléan s'était placé sans affectation entre la marquise et la porte. Il allait être nuit; le crépuscule finissait de rôder dans le jardin; et, des arbres agités, s'élevait un vent frais qui battait les rideaux de la fenêtre et les enflait comme des voiles marines.

La marquise eut peur.

— M. le duc! s'écria-t-elle en marchant droit à lui; M. le duc vous allez sortir, n'est-ce pas? vous allez sortir à l'instant même?

— Vous souvient-il de l'histoire romaine, marquise?... Pour moi, je me rappellerai toujours ce trait d'un illustre général en us : il ne jura pas de vaincre ou de mourir, mais il jura de vaincre... et il tint parole.

— Monsieur!

— Voyons, nous ne sommes pas deux enfants; causons raison, c'est-à-dire amour. Eh bien! foi de duc et pair, foi de gentilhomme, ce que je ressens pour vous est différent de tout ce que j'ai ressenti jamais. C'est bizarre, n'est-ce pas? Votre fierté m'exalte, votre froideur m'excite, je trouve dans votre courroux même un attrait que je n'ai rencontré dans aucune autre. Où prenez-vous ces lueurs éclatantes qui se meuvent au fond de vos yeux noirs? Ah! marquise, marquise, que vous êtes belle!

Il fit un pas.

— N'avancez point ou j'appelle! s'écria madame de Perverie.

— Non, vous n'appellerez pas, continua-t-il; car ce serait appeler ce scandale que vous craignez tant, ce serait éveiller cette calomnie qui ne désire qu'une occasion pour vous mordre; vous n'appellerez pas, car ce serait votre déshonneur qui viendrait!

Il faisait tout à fait noir dans la chambre. Seuls, les feux de quatre prunelles se croisaient à distance, immobiles. On n'entendait d'autre bruit que celui de deux respirations courtes, et puis aussi le frôlement d'une main, la main convulsive de la marquise, cherchant le long de la tapisserie à rencontrer le cordon de la sonnette.

— Pourquoi donc croyez-vous que j'escalade les murs et que je monte aux fenêtres! Pensez-vous que ce soit gratuitement que je consente à risquer mes os le long de vos espaliers? Où trouverez-vous des preuves d'amour meilleures que celles-là? Répondez.

Elle ne répondait pas, elle ne pouvait pas.

— Ah! marquise, les beaux yeux de basilic que vous lancez sur moi! les beaux yeux! ils m'attirent...

Le duc fit un second pas. Un cri sortit de la poitrine de madame de Perverie. Aussitôt une vive lueur parut aux gerçures de la porte, un bruit précipité se fit entendre, et les deux battants s'ouvrirent avec fracas.

Émile parut, un flambeau à la main.

— La voiture et les gens de M. le duc sont en bas! prononça-t-il d'une voix ferme.

Le duc de Noyal-Trefflèan eut une forte démangeaison de jeter Émile par la fenêtre; mais six grands laquais, taillés en Philistins, se tenaient près de la porte. Il se vit donc forcé de battre en retraite.

Auparavant, il alla prendre son chapeau sur le sofa où il l'avait jeté, et, revenant devant la marquise, qui était restée frémissante et pâle, il s'inclina profondément.

— Marquise, dit-il, au revoir.

V

La marquise était dans sa chambre, perdue entre les coussins d'une riche ottomane. Il allait être cette heure du matin, midi, si pleine de mauvaise humeur pour une jolie femme à laquelle les convenances interdisent de rosser ses gens. Une femme de chambre, sur le visage de laquelle se lisaient de longs états de service, vint demander si madame voulait recevoir un homme qu'elle avait fait avertir la veille au soir. Elle disait un homme, parce que le personnage en question ne lui semblait ni maître, ni valet : en ce cas seulement, aux yeux des domestiques, on est un homme.

— Ah! fit la marquise, il s'est hâté d'arriver; c'est bien, ma bonne Gertrude, dis-lui d'entrer.

On introduisit l'homme. C'était François Soleil. Il salua sans prononcer un mot, avec cette incommensurable humilité qui est une véritable science chez les gens en condition. Après qu'il eut produit une deuxième édition de sa révérence, la marquise le regarda. Au premier coup d'œil, elle acquit la certitude que Soleil était d'une profonde subtilité, et qu'il fallait descendre à son niveau pour traiter avec lui.

— Vous vous nommez François Soleil, n'est-ce pas?

— Oui, madame la marquise.

— Vous êtes attaché à la personne de M. le duc de Noyal-Treffléan?

— Depuis plusieurs années.

— Je vous ai fait mander parce que votre maître m'ennuie.

Le sourire obséquieux disparut.

— Il m'ennuie, répéta la marquise, et il faut que vous me débarrassiez de lui pendant quinze jours.

François Soleil devenait froid.

— Vous ne m'entendez pas?

— Oh! pardon, madame la marquise.

— Que ne répondez-vous?

— C'est que... je ne comprends guère.

— Cependant, ce que je vous dis est clair : le duc m'importune; je veux que pendant deux semaines il soit empêché de me voir et de venir dans mon hôtel.

— Je mets toutes mes pensées, toute mon intelligence au service de M. le duc, mais je n'ai aucune influence sur ses volontés.

— Aussi n'est-ce pas en consultant sa volonté que vous agirez.

— Comment alors?

— Vous ne consulterez que la mienne.

— Malgré le désir que j'ai d'être agréable à madame la marquise, je ne vois pas le moyen de lui obéir.

— Cherchez bien.

— Si ce n'était manquer de respect à madame la marquise, je croirais qu'elle se joue du plus humble de ses serviteurs.

Madame de Perverie toisa le drôle :

— Je parle sérieusement, dit-elle, et je me suis adressée à vous parce que je sais que rien ne vous est impossible à l'égard de votre maître.

— Madame la marquise me fait trop d'honneur et m'attribue trop d'importance.

— Ah ! je vous fais honneur ; j'en suis bien aise ; mais je pourrais vous faire peur aussi.

François Soleil commençait à se demander pourquoi il s'était si prestement rendu à l'invitation de madame de Perverie.

— Peur... balbutia-t-il.

— Et voyez... vous devenez pâle déjà.

— Comme il plaira à madame ; seulement je lui ferai observer, si elle me le permet du moins, qu'un honnête homme ne pâlit pas quand on lui dit : Je vous connais.

— Aussi ne dit-on pas ces choses-là à un honnête homme.

La réplique était tranchante, et il n'arriva pas à la parade.

— Pour ma part, continua la marquise, je connais un fripon, qui a commis cent fois plus de méfaits que la loi n'en exige pour l'ornement d'un gibet, et qui se promène libre comme vous, absolument comme vous, monsieur Soleil.

— Oh ! fit celui-ci perdant de plus en plus contenance, tel cas qui semble pendable ne l'est pas toujours.

— Je vais vous en soumettre trois des moindres, et vous me direz ce que vous en pensez.

— Je suis bien ignorant en matière de législation, hasarda-t-il.

— C'est égal, les faits sont si nettement dessinés que vous les apprécierez facilement. L'homme dont je vous parle a enlevé un beau matin la fille d'un procureur. Pour accomplir son équipée, il a bâillonné une servante et cassé deux ou trois côtes à des domestiques qui essayaient de lutter contre lui.

— C'est une action blâmable, incontestablement.

— Vous croyez ? Ce n'est pas tout. Cet homme a livré la fille du procureur à son maître ; trois jours après, la victime se précipitait dans la Seine et s'y noyait.

— C'est un malheur.

— Le procureur pense que c'est un crime.

— Un crime !

— Et si on lui en faisait connaître l'auteur, il vengerait sûrement le trépas de sa fille.

Quelque chose de très-froid courut le long de l'épine dorsale de François Soleil. Il murmura faiblement ces mots :

— Cela ne serait pas étonnant.

— Donc, si vous le voyiez pendre, vous n'en seriez pas surpris ?

— Non, s'efforça-t-il de répondre.

— Nouveau méfait passible de la hart : notre homme, voyant un jour son seigneur et maître en grande fureur, parce que devant les fenêtres d'une de ses Danaés on élevait une construction qui obstruait un charmant point de vue, s'en alla sans rien dire. Pendant la nuit suivante, un baril de poudre fit sauter la bâtisse.

— Originalité, excès de zèle, imprudence.

— Plaisanterie. Aussi ne s'en tint-il pas à si peu. Les effets de son imprudence ayant été attribués à un accident, on recommença les travaux. A peine les charpentes étaient-elles posées, qu'il mit le feu au bâtiment.

— Est-on bien sûr que ce soit lui ?

— D'une fenêtre voisine on l'a vu et reconnu.

— Il faisait nuit sombre ! objecta avec précipitation l'irréfléchi Soleil.

La marquise regarda son interrupteur, qui se mordait la langue.

— Vous le savez? dit-elle.

Il se tut.

— Enfin, troisième cas, qui, à lui seul, vaut dix aunes de corde : notre coquin a fait périr sous le bâton, par des misérables accoutumés à ce genre de besogne, un officier du régiment d'Artois avec lequel son maître devait se battre en septième rencontre.

— Cela prouve un grand dévouement.

— Mon Dieu ! non, monsieur Soleil ; cela prouve que le maître payait bien, voilà tout. Et il avait raison de payer cher, car cet homme, ce coquin dont je vous parle, s'exposait à être pris, jugé et mis à mort.

— Mais son maître, ce grand seigneur, aurait eu sans doute assez de crédit pour le protéger.

La marquise hocha la tête.

— Au temps où nous vivons, on a grand'peine à protéger un innocent, quel rang qu'on ait en noblesse ou en cour ; à plus forte raison, il serait difficile de protéger un coupable.

— Après tout, dit François Soleil vivement inquiété par les accusations que la marquise lui nouait si impitoyablement autour de la cravate, ce serviteur aurait son maître pour complice ; et, afin de ne pas s'exposer à condamner un des grands noms de France, la justice fermerait probablement les yeux sur les peccadilles d'un pauvre homme.

— Il n'y a nullement complicité entre le grand seigneur et le maraud, dit la marquise ; le moindre avocat vous expliquera comment Raton tirant les marrons du feu pour que Bertrand les mange, c'est Raton qui est le voleur. Et, ma foi, monsieur Soleil, je ne voudrais pas que vous fussiez le maraud en question, car d'un moment à l'autre vous seriez fort menacé.

— De grâce, madame, s'écria-t-il en abandonnant son rôle, indiquez-moi un moyen de salut!

— Dès la première épreuve à laquelle j'ai voulu vous soumettre, vous vous êtes montré bien peu empressé.

— Je vous en demande pardon à deux genoux !

— Serai-je débarrassée du duc pendant quinze jours ?

— Pendant un mois, si vous l'exigez.

— Quinze jours suffisent.

— A partir de ce soir, madame la marquise peut avoir toute certitude à cet égard.

— Puis-je y compter?

— J'en fais le serment.

— C'est bien. A ce prix, ma protection vous est acquise.

En prononçant ces mots, madame de Perverie fit un signe de la main pour le congédier.

François Soleil sortit à reculons.

Une fois dehors, de cuisantes perplexités vinrent l'assaillir, et tout le long du faubourg du Roule, il se livra à de désespérants monologues. Quelle trappe soudaine venait de s'entr'ouvrir sous ses pas, et quelle complication imprévue s'ajoutait à ses propres complications? La connaissance parfaite que la marquise de Perverie semblait avoir de ses antécédents le surprenait et l'inquiétait d'une grande façon; il se demandait s'il était destiné à subir fréquemment cette collaboration malencontreuse dans le roman de la vie de M. le duc. Qui l'assurait que les exigences de la marquise n'augmenteraient pas tôt ou tard? Et même déjà ces exigences n'atteignaient-elles pas du premier coup un degré exorbitant? La débarrasser du duc pendant quinze jours ! Comme si cela était facile, et comme s'il n'y avait qu'à vouloir !

Telles étaient les réflexions qui s'étaient faites ses compagnes de chemin, et dont chacune d'elles lui marchait sur le pied, le heurtait du coude ou le poussait dans le ruisseau. Maudites réflexions ! elles lui murmuraient à l'oreille des mots malsonnants, elles lui montraient des images de supplice et de roue, elles se faisaient cordons de chanvre et le serraient à l'étrangler. En proie à ces visions mauvaises, il roulait des yeux effarés sur chaque passant, croyant reconnaître tantôt un procureur, tantôt le bourreau lui-même, c'est-à-dire la plus disgracieuse personnification de la justice sur terre. Un million de petites gouttes d'or voltigeaient devant ses yeux, comme lorsqu'on s'est mouché trop fort. Il marchait, rêvant au moyen d'éloigner le duc de l'hôtel de Perverie, et trouvant cela fort difficile, car il n'ignorait pas son entrevue de la veille avec la marquise et l'échec qui l'avait suivie. Il savait que son maître n'était pas homme à prendre tranquillement son parti d'une déconvenue et que maintenant, sans doute, il était vivement occupé à dresser de nouvelles batteries. En le dérangeant, François Soleil courait donc grand risque de lui déplaire. Cette pensée glaçait toute inspiration dans son cerveau.

Il s'arrêta en deux ou trois cabarets, poëte du vice évoquant la muse du mal et ne la voyant pas monter à la surface de son gobelet écumant jusqu'aux bords. Il fit deux ou trois fois le tour du Palais-Royal, l'endroit du monde où il pousse le plus d'idées. Enfin le ciel ou plutôt l'enfer arriva à son secours, il sauta de joie en lisant une colonne du *Journal de Paris*. Son plan était trouvé. Il prit allègrement le chemin de l'hôtel de Noyal-Tréffléan où il avait ses entrées à toute heure. Son front rayonnait, il avait même une chanson aux lèvres. Heureux François !

Quand il pénétra dans le cabinet de son maître, il le trouva habillé en pape, avec la tiare au front. Il n'en fut pas étonné. Le duc de Noyal-Treffléan, dont la moquerie était haute, avait une garde-robe de théâtre très-belle et fort nombreuse. Dans ses jours de dédain et de philosophique hilarité, il y pénétrait et s'habillait tantôt en empereur ou en roi, avec le sceptre et le manteau d'hermine traînant; tantôt en président, avec la robe sanglante; ou bien en homme de guerre, bardé, cuirassé, armé de pied en cap. Ce qu'il en faisait, c'était uniquement pour railler à ses propres yeux l'amour de ces choses frivoles et pour rire dans une glace au nez de l'humanité ambitieuse. Il prenait plaisir à se chamarrer de cordons, d'ordres, de titres, afin de voir ce que tout cela pesait sur son corps, et de juger du plaisir que devaient y goûter les autres par celui qu'il ressentait lui-même. Ce jour-là, donc, il s'était vêtu en pape.

François Soleil demeura au milieu de la salle. Une pointe d'embarras perçait sous son air triomphant.

— Eh bien ! que me voulez-vous, monsieur ? dit le duc de Noyal-Treffléan; voilà bien souvent que je vous vois depuis quelque temps; il me paraît que vous oubliez un peu nos conventions.

— Excusez-moi, monseigneur, mais aujourd'hui ce n'est pas ma faute.

Le duc leva les yeux.

— Expliquez-vous, dit-il.

— Ou plutôt, reprit François Soleil, c'est la faute du trésorier de M. le duc.

— De mon trésorier ?

— Oui, monseigneur.

— Venez au fait, car je ne vous comprends pas encore.

— Monsieur le duc n'a pas oublié que, lorsqu'il me fit l'honneur de me prendre à son service, il y a de cela...

— Treize ans, je sais.

— Il me recommanda de la manière la plus formelle à son trésorier, M. Saint-Sauveur, afin que le susdit trésorier me facilitât les moyens de réaliser la plupart de mes projets pour l'agrément de M. le duc et l'embellissement anonyme de sa précieuse existence.

— Eh bien ?

— Eh bien, monseigneur, jusqu'à ce jour certainement, M. Saint-Sauveur s'est gracieusement conformé aux intentions de M. le duc; jusqu'à ce jour j'ai pu employer sans entraves mon imagination et faire agir tous les ressorts nécessaires. Mais aujourd'hui...

— Aujourd'hui ?

— Je veux dire ce matin, M. Saint-Sauveur, pour des motifs qu'il ne m'appartient pas de discuter, a refusé son acquiescement à une nouvelle demande de ma part.

— Quelle demande ?

— Un subside plus important que les autres, il est vrai, mais nécessaire à l'accomplissement d'une idée nouvelle.

— Nouvelle, monsieur Soleil ?

— Nouvelle, monsieur le duc.

— Diable !

— Et M. Saint-Sauveur vous a refusé…

— Refusé net.

— Voilà qui est surprenant.

— D'autant plus surprenant, monseigneur, que jusqu'à ce jour j'ai constamment usé d'une discrétion qui, dans une autre époque, n'eût pas manqué de m'attirer les éloges de l'économe de Balthasar ou du surintendant d'Héliogabale.

A cette flatterie, sérieusement prononcée, le duc de Noyal-Treffléan laissa échapper un sourire de complaisance,

— Vraiment, monsieur Soleil?

— Jugez-en vous même, monseigneur. D'abord je me contente d'une simple brigade de dix hommes, dont trois seulement appartiennent à la police.

— Ah! ah!

— Ce sont les moins payés. Ils n'ont pas de gages, leur service étant forcément plus irrégulier que celui des autres. Je les rétribue lorsqu'ils se sont distingués après une affaire d'éclat, par exemple, ou bien encore pour les renseignements qu'ils m'apportent de première main.

— Et les autres?

— Les autres sont recrutés un peu partout. Ce sont des gens dociles, adroits et sûrs, toujours veillant, toujours cherchant, prêts à tout faire, dévoués jusqu'à la potence, obéissant au moindre signe, et qui se contentent honnêtement d'un rien, d'une misère, de cent pistoles par année.

— Cent pistoles! murmura le duc.

— Ils ne sont que sept, continua flegmatiquement M. Soleil; c'est au plus bas prix.

— Soit; mais cent pistoles multipliées par sept font...

— Sept mille livres; oui, monseigneur, le calcul est exact.

Le poing au menton, le duc de Noyal-Treffléau demeura immobile pendant une seconde.

— C'est vulgaire, murmura-t-il.

— Monsieur le duc aurait-il quelque objection...

— Ces pleutres de valets ont l'âme mesquine; sept mille livres!

François Soleil n'y comprenait goutte. Son maître, descendu jusqu'à mesurer ses dépenses, lui produisit l'effet d'un roi cirant ses bottes. Mais le duc continua :

— Monsieur Soleil, vous me faites servir en hobereau.

— Cependant, monseigneur...

— Cent pistoles ne peuvent suffire à vos hommes.

— L'honneur seul d'être attaché au service de M. le duc...

— J'exige qu'à compter de ce jour vous leur donniez cent écus de plus.

— Les volontés de monseigneur seront exécutées.

— Ensuite, monsieur Soleil, combien me volez-vous, bon an, mal an?

Cette question, posée avec la plus complète indifférence, fit bondir le pourvoyeur de plaisirs.

— Moi, voler ! dit-il.

Le duc fronça le sourcil.

— Ah ! vous ne me volez pas ?

— Je puis jurer sur tout ce que j'ai de sacré...

— Fi ! fi !

— Je mourrais de douleur si l'opinion de monseigneur était telle à mon sujet.

— Je ne vous demande pas ces protestations, je veux des chiffres. Combien me dérobez-vous ?

Soleil en revint à ses soupçons de lésinerie.

— Monsieur le duc ne se rend peut-être pas tout à fait compte des difficultés que présente le rôle du destin, et surtout des sacrifices qu'il impose... Monsieur le duc aura sans doute trouvé excessives les sommes payées par M. Saint-Sauveur.

— Je n'ai pas vu ses comptes depuis cinq ans.

— Je ne puis cependant offrir à monseigneur des distractions indignes de sa haute naissance.

— Eh ! maraud, qui vous querelle sur la dépense ?

Soleil tordait son chapeau entre ses doigts.

— Une seule chose m'irriterait, continua le duc,

— Laquelle?

— Ce serait de ne pas être volé par vous.

— Cela mécontenterait Votre Seigneurie?

— Gravement.

— J'ignorais...

— Ignorez-vous que les bourgeois ont la manie des serviteurs honnêtes?

— C'est juste.

— Et croyez-vous que je veuille avoir le moindre moindre rapport avec ces coutumes de si bas étage?

— Je demande pardon à monsieur le duc d'être si mal entré dans ses nobles intentions.

— Comportez-vous différemment à l'avenir, ou je vous chasse.

— J'emploierai toute mon intelligence à réparer mes torts.

— J'y compte.

En parlant de la sorte, le duc de Noyal-Treffléan venait de jeter la plus grande perturbation dans la conscience de François Soleil. Voler le duc petit à petit, çà et là, avait été sa volupté à lui, son fruit défendu, auquel il goûtait en cachette et le cœur palpitant. Maintenant que ces détournements allaient devenir un salaire, quel plaisir y trouverait-il ? Soleil fut tellement sensible à ce coup imprévu, qu'il eut besoin de se maîtriser pour ne pas s'écrier :

— Que les hommes sont méchants !

Le duc regardait la sotte figure de son confident et se mordait les lèvres pour ne pas éclater de rire.

Il reprit :

— Nous parlions de Saint-Sauveur. Pourquoi vous a-t-il refusé de l'argent ? ses coffres sont-ils à sec ?

— Il m'a refusé la somme que je lui demandais, sous prétexte qu'elle dépassait la limite ordinaire.

— Combien était-ce ?

— Cinquante mille livres.

— Pas davantage ?

— Pas un denier de plus.

Le duc haussa les épaules.

— Qu'est-ce, après tout ? Le dixième de mon revenu.

— Que monseigneur est riche !

— Je vais envoyer un mot et un coup de canne à Saint-Sauveur.

— Que monseigneur est bon !

Le duc s'arrêta tout à coup.

— Mais, dit-il à Soleil, si vous ne me procurez pas une émotion nouvelle... nouvelle, entendez-vous... je vous en promets une, moi.

— Monseigneur sera content.

— Songez que je me blase, et que je commence à engraisser d'une façon qui me déplaît.

— Ces deux considérations me préoccupent depuis un mois.

— Et vous changez le fond de votre sac ?

— Magnifiquement, avec les cinquante mille livres.

— C'est bien.

Le grand seigneur traça quelques mots sur un papier qu'il remit à François Soleil; c'était le bon que celui-ci demandait.

Resté seul, le duc de Noyal-Treffléan, fouillant par hasard dans son imagination, y trouva cette pensée ainsi formulée :

— Que veut donc tenter ce maître coquin ?

Deux heures après, comme il demandait sa voiture, on lui dit qu'elle était dans la cour. Chose bizarre, et qu'il ne remarqua cependant que lorsqu'il fut monté, son heiduque était changé, ses glaces étaient plus épaisses que d'habitude, et les tapisseries étaient bouleversées.

— Qu'ont-ils fait à ce carrosse, pensait-il.

Mais une autre préoccupation dissipa celle-ci :

— Les laquais ne savent où je veux me rendre, je suis curieux de savoir où ils me conduiront.

Les chevaux allaient le diable.

— Ivrognes ! murmura-t-il.

Cependant il s'impatienta d'aller si vite sans savoir où. Il tira le cordon une fois, puis deux fois, ce qui n'eut aucun résultat. D'une voix formidable il appela le cocher. Rien n'y fit.

Furieux... Il poussa un grand éclat de rire, et prononça ces mots :

— Parbleu ! ce sont mes cinquante mille livres qui entrent en danse ! Allons, je vais m'amuser.

VI

Une demi-heure ensuite, M. le duc de Noyal-Treffléan se trouvait au fond d'un cachot, où on l'avait transporté roulé dans une couverture.

Ce cachot, qui avait dû remplir le rôle d'oubliette sous Louis XI, n'était pas large, mais en revanche il était horriblement profond. Le mobilier se composait d'un lit vermoulu et d'une chaise à peine entière dans sa partie la plus indispensable.

Quand la solitude se fut faite autour de lui et qu'il eut entendu se refermer la porte avec un bruit de tonnerre enrhumé, le duc de Noyal-Treffléan, revenu de l'étourdissement que lui avait causé cette surprise, se dit à lui-même :

— Ce n'est pas mal... Non, ce n'est pas mal... Il y a quelque invention là-dedans ; je n'avais pas encore gémi dans les fers.

Il habitua ses yeux à ce local, et au bout de quelque temps il put voir à deux pas devant lui. Mais ce fut tout. Par une ouverture étroite et solidement grillée, le jour descendait de fort mauvaise humeur et se ramassait dans un mince espace, comme un chien qui veut dormir. Vers le midi, il s'éveillait un instant et s'étendait jusqu'aux murailles dartreuses, sur le fond sombre desquelles les déchirures et les écaillures grimaçaient d'une manière fantastique.

Quelque robuste qu'il fût, un homme n'aurait pu subir longtemps la réclusion infligée à M. de Noyal-Treffléan sans perdre la raison et gagner d'affreux rhumatismes. Le sol sablonneux et craquant offrait la flasque mobilité de la vase. Au moindre pas, le pied s'y enfonçait tellement, que l'on se retirait effrayé de ce commencement de voyage. Le duc, accoutumé à la douce moiteur des tapis de son hôtel, crut d'abord qu'on avait mis des édredons à terre. Il lui vint même aux lèvres une phrase que l'on pourrait rendre ansi :

— Au moins, voilà une attention délicate !

Mais il ne tarda pas à s'apercevoir de son erreur lorsqu'il voulut s'étendre sur ce qu'il croyait être un voluptueux nuage de duvet.

Il n'y avait qu'une porte à cette prison, et après l'avoir cherchée à tâtons pendant quelques minutes, ce qui lui procura le plaisir de faire sous ses doigts une Saint-Barthélemy de barbeaux et de limaces, M. le duc la trouva ; — mais c'était une plaque de fonte, cette porte, et la mettre en mouvement, même avec une clef, lui parut impossible à lui tout seul.

— Décidément, murmura-t-il, l'idée de ce Soleil me paraît assez ingénieuse. Ce cachot est conçu dans les bonnes traditions ; il n'y manque guère que la cruche d'eau et le pain noir du captif...

Il n'achevait pas ces paroles qu'il se sentit heurté à la tête.

C'était un panier qui descendait au bout d'une corde par l'ouverture pratiquée à la voûte. Ce panier contenait une aile de volaille froide, un flacon de vin de Bordeaux et une tranche de pain toute petite. Il allongea les lèvres, comme pour exprimer une idée d'insuffisance à l'endroit de ce festin.

— Cela me conduira à peine jusqu'au souper, dit-il.

Néanmoins il mangea. Après quoi, le panier remonta et disparut par l'ouverture, dont un mécanisme invisible soulevait la grille. Quand il eut bien soufflé sur la moindre miette, tourné la tête de droite à gauche, attendu, écouté, sifflotté et fait jouer les diverses faces de son gros diamant qui jetait des éclairs dans le souterrain, il se posa la question suivante :

— Qu'est ce que je vais faire maintenant, et à quoi puis-je employer les loisirs que me crée ce faquin de Soleil? Si j'étais poëte, je charbonnerais les murs d'une nouvelle Henriade, je tresserais les rimes en idylles et en chansons, je soupirerais après l'ombre des bois et le chant des ramiers amoureux. Mais je ne suis pas poëte. Peut-être vaut-il mieux me mettre à la recherche d'une araignée sensible ou d'un crapaud mélomane ; choisissons un ami parmi les rats de cette résidence, élevons-en un jusqu'à moi !

Un trottinement léger arrivait effectivement jusqu'aux oreilles du duc, mais c'était comme un petit bruit de velours et de feuilles, tantôt rapide, et s'arrêtant, gracieux comme un rire étouffé, quelquefois un coup de dent bien sec suivi de l'éboulement de deux ou trois grains de poussière, ce qui entraînait alors une déroute générale dans l'armée grignotante célébrée par le vieil Homère.

Comme le dîner de tout à l'heure, le jour était, lui aussi, remonté par le trou ; il s'en était allé, de même qu'un employé qui a hâte de quitter son bureau. L'ombre opaque s'était mise à sa place et promettait de n'en plus bouger.

Le duc de Noyal-Treffléan était assis sur le matelas unique dont son lit se composait ; il tenait ses pieds en l'air afin de les protéger contre les indiscrétions à dent armée de ses petits commensaux, dont le murmure augmentait à chaque instant et commençait à ne plus tant le réjouir.

— Combien de temps resterai-je ici ?

Cette question, autour de laquelle il se plut à grouper des suppositions plus romanesques les unes que les autres, l'occupa pendant une heure ou deux. Il conclut en lui-même qu'il était probablement destiné à passer la nuit dans ce cul de basse-fosse.

— Moi qui ai toujours couché sous des lambris dorés, comme disent les auteurs, cela sera nouveau ; enfin, prenons patience... et attendons le souper.

Il attendait le souper. Ses yeux demeuraient fixés vers l'ouverture ; il épiait le moment où la grille devait se soulever et où il verrait descendre au bout d'une corde ce panier bienheureux que son imagination remplissait déjà de viandes succulentes, de vins exquis, de pâtisseries nombreuses. Il attendait le souper avec une ferveur vraiment hébraïque, et il s'en repaissait à l'avance, tout en laissant échapper par intervalles des gestes impatientés. Le souper ne venait pas. Désappointé, le duc de Noyal-Trefléan finit par comprendre qu'il ne devait pas venir, et il se décida à se coucher philosophiquement, en proférant cette réflexion amère :

— Je crois que j'ai eu tort de dire à Soleil que j'engraissais trop !

Il est inutile de mentionner que, cette nuit-là, M. le duc de Noyal-Trefléan dormit fort mal et dormit fort peu. A peine le jour fut-il venu le regarder malicieusement par le monocle de la voûte, qu'il

7.

se dressa sur son lit et que son regard recommença à se fixer en l'air.

— Or çà, qu'il vienne maintenant ton déjeuner, et je te promets qu'il lui sera fait fête. Mordieu ! je me sens ce matin capable de lutter de gourmandise avec les héros les plus affamés de Rabelais. Il faut que l'atmosphère de ce caveau ne soit point étrangère à cet effet, car je ne me souviens pas d'avoir jamais tant aspiré après l'assouvissement d'un désir carnivore...

Mais, comme la veille au soir, la grille du plafond demeura inexorablement close. Il attendit jusqu'à midi. Des borborygmes inquiétants élevaient la voix au dedans de lui et traduisaient sa plainte en langage déchirant.

— Oui... je vois ce que c'est... Soleil veut me mettre en appétit... il a raison... Depuis quelque temps je n'avais plus goût à rien, je ne mangeais pas. Le moyen est un peu violent, mais il est d'un effet sûr... Patientons encore.

Il patienta. Bientôt il y eut vingt-quatre heures écoulées depuis son dernier repas. Vingt-quatre heures ! c'est à dire plusieurs siècles pour quelqu'un accoutumé dès sa plus tendre jeunesse à ériger sa panse en divinité. Aussi devons-nous ce témoignage à la vérité qu'à partir de ces vingt-quatre heures-là, le duc de Noyal-Treffléan commença à voir s'assombrir sa pensée et à compter sérieusement les battements de sa montre.

— M'aurait-il oublié? se demanda-t-il; cela est peu probable.

Il fit deux ou trois pas dans son cachot, se gratta la tête et croisa les bras.

— Cela ne vaut pas cinquante mille livres ! murmura-t-il.

Et, prenant une décision, il appela à voix haute :

— Soleil !

Personne ne répondit,

Il recommença de plus belle.

— Soleil ! Soleil !

Sa voix frappa la porte et revint à lui, comme une balle élastique.

— Je ne peux pas cependant consentir à me voir mourir de faim dans ce lieu mal commode. Il fallait me consulter auparavant : j'aurais répondu oui ou non. Cela me regarde, je pense, le choix et l'heure de mon trépas... Soleil !

Quinze ou vingt fois encore ce nom retentit dans le cachot, mais en pure perte.

La patience échappa au noble duc.

Il lança contre la porte un furibond coup de pied, qui manqua lui casser la jambe.

— Ah çà ! gredin, m'ouvriras-tu ? Fourbe ! brigand ! fripon ! Tu m'espionnes sans doute par un trou de ce mur ! Ouvre-moi, c'est assez ! Ouvre-moi, sinon je te fais écarteler et déchirer avec des pinces rouges ? Entends-tu, misérable ? J'ai faim, j'ai soif et j'ai froid. Je ne veux pas rester une seconde de plus dans ton souterrain d'enfer. Ouvre-moi, je l'exige !

Silence sépulcral.

Le duc de Noyal-Treffléan ressentait d'atroces défaillances. Cet effort de colère l'acheva. Il se traîna vers son lit et il se coucha, essoufflé, maugréant, n'en pouvant plus. Il vit venir ainsi le soir. Ses inquiétudes redoublèrent, empruntant cette fois un cachet de mélancolie et de désespérance. Étendu sur son lit, les yeux attachés à la voûte, il disait d'un accent plaintif :

— Soleil, je m'ennuie... Soleil, ce n'est pas drôle... Voyons, tu t'es trompé cette fois ; je t'assure que tu t'es trompé... Je ne t'en veux pas, cela peut arriver à tout le monde... Ton intention était bonne, je le reconnais ; mais tu as trop préjugé de mon estomac... Je suis faible, Soleil, faible, faible... Jette-moi la moindre des choses, ce que tu voudras, peu m'importe... Certainement, c'est très-joli la prison et la faim... mais encore il ne faut pas que cela dure longtemps... Songe que je n'ai pas les ressources filiales d'Ugolin...

Il ne remuait plus sur sa couche. Son œil était éteint. Seulement, de cinq minutes en cinq minutes, ses lèvres laissaient passer ce mot, qui devenait inintelligible :

— Soleil... mon bon Soleil...

Il était huit heures du soir. Tout à coup une brillante lumière pénétra dans le cachot, et une odeur divine s'y répandit abondamment, enivrante et chaude. O bonheur ! ô surprise ! ô magie ! Un guichet pratiqué dans la porte venait de s'ouvrir et laissait voir le plus enchanteur et le plus terrible des spectacles, c'est-à-dire une table somptueusement servie, avec des flambeaux d'argent aux deux extrémités, des mets que l'on devinait tout chauds à la douce fumée qui s'en dégageait : une oie dorée entière sur un vaste plat de vermeil, des ailerons aux pistaches, des œillades de veau farcies exhalant le parfum de la truffe, une redoute de crêtes de coq, des beignets d'orange et un assortiment magnifique des derniers fruits de la saison. Une forêt de bouteilles complétait cet harmonieux ensemble, forêt vierge, attendant l'explorateur hardi. Le médoc élégant coudoyait le bourgogne chaleureux ; le champagne étincelait sous le goulot couronné, et le madère frémissait à travers les facettes de l'opulent cristal. Une vapeur épaisse et colorée flottait autour de cette table qu'elle enveloppait comme d'un nuage odoriférant. La nappe, nouée et brodée à ses quatre coins, était d'une blancheur mate, qui buvait la lumière sans la rendre. Tout enfin attirait le regard et l'éblouissait ; quant à l'odorat, j'ai dit qu'il était gagné à l'avance.

Lorsque le duc se vit en présence de cela, sa faiblesse disparut, son corps retrouva sa vigueur. Il ne fit qu'un bond de son lit au guichet, un bond de jaguar! Mais devant cette féerie adorable et tant souhaitée, il poussa un rugissement qui faillit desceller les pierres de la voûte; son nez se frottait vainement contre les barreaux étroits du guichet, vainement sa main essayait de s'y frayer un passage. Il tâchait d'ébranler la porte dans ses efforts désespérés. Impossible! impossible! Et à deux pas de lui, sous ses yeux, la table brillait, fumait, embaumait. Hélas! c'était la table de Tantale! Je ne veux pas dire la rage du duc lorsqu'il eut compris cette parodie féroce. Il en pâlit jusqu'au cœur, qui, cependant, reste toujours rouge. Ses dents serrées avec violence s'en enfoncèrent de quelques lignes de plus dans leurs alvéoles. Il vit ainsi refroidir tous les mets qui paraissaient l'appeler ironiquement, il vit ainsi s'envoler tous les parfums qui venaient caresser son visage. Enfin, ne pouvant plus supporter la torture d'un semblable tableau, il détourna la tête et chancela, fou de colère et de désir.

Le guichet se referma, et il tomba à ses pieds un grossier morceau de pain noir.

Mange, duc!

..... Un grand épuisement moral suivit cet épuisement physique; car, à partir de cet instant, M. de Noyal-Treffléan fut soumis à ce strict régime du pain noir et de l'eau deux fois par jour, aussi ne tarda-t-il pas à voir sensiblement diminuer son embonpoint. Quelquefois il daignait en sourire, mais le plus souvent il demeurait debout sur son séant, réfléchi et morne, se demandant si cela allait bientôt finir et comment cela allait finir. Puis ce n'était pas tant l'idée de Soleil qu'il blâmait que l'inopportunité de cette idée. La marquise de Perverie lui revenait continuellement à l'esprit, et il ne pouvait supporter la pensée du triomphe de cette femme. S'il maudissait François Soleil, c'était principalement pour l'avoir interrompu au milieu de ses projets de revanche amoureuse.

— Quelle opinion va-t-elle concevoir de moi ? se disait-il; elle va me croire vaincu, humilié sans doute. Mes paroles ne lui sembleront que misères et fanfaronnades. Qui sait si dans ce moment elle ne raconte pas mon aventure aux quidams pailletés qui l'entourent? Singulière femme! c'est la première dont je me préoccupe avec tant d'insistance. C'est qu'aussi elle est fort belle. Belle et triste! c'est fruit nouveau pour moi.

Il se retournait sur le côté.

— Mais, bah! ma captivité finira peut-être demain. Essayons de dormir.

Dormir! mot facile à prononcer; mais la diète travaillait son imagination et ne lui permettait tout au plus qu'un sommeil intermittent, haché de rêves, mêlé de sursauts et de cauchemars, pendant lesquels il voyait passer toutes les victimes de ses débauches, les unes parées de rien et folles de leur âme, rieuses jusqu'au délire; les autres sévères et le regardant haineusement, pauvres corps tordus, emportés dans une nuée sombre qui s'effilait en passant. Loin d'en être ému, il les saluait au passage, leur souriait, les appelait par leurs noms, doux noms d'amour qui s'avilissaient en passant par sa bouche, Chloé, Hyacinthe, Fanny, Éliante, Amélie, grandes dames et pauvres filles, conquises dans un boudoir ou ramassées sur le pavé. Il en venait en foule qui lui jetaient tour à tour, celle-là un baiser, celle-ci une poignée de larmes, les autres des éclats de rire qui leur amenaient le sang à la gorge. Lui, il ne sentait pas germer dans son cœur le plus petit remords. Ces rêves l'irritaient parfois, mais c'était uniquement au point de vue de sa santé.

Onze jours s'écoulèrent ainsi. Onze ! Et le douzième arriva.

Malgré tout, cette nouvelle existence si différente de celle qu'il avait toujours menée, n'était pas entièrement dépourvue de charmes pour lui; il en eût même attendu paisiblement la fin si son amour-propre de gentilhomme ne fût venu à chaque instant lui répéter que la captivité n'avait été pour les grands personnages qu'un défi jeté à leur énergie, et que tout prisonnier qui ne s'évade pas est un homme d'intelligence médiocre. Il résolut donc de tenter une évasion laborieuse et honorable. Il choisit le mur le plus humide comme devant être le moins épais, et il se mit en devoir de le trouer. Ses mains se heurtèrent à tous les coins et recoins, dans l'espoir de trouver un objet quelconque dont il pût faire un instrument de travail. Des débris de bouteilles et d'impuissants morceaux de briques furent d'abord les seuls corps solides qu'il rencontra ou plutôt qu'il pêcha dans le sable. Heureusement il avait fait une ample provision de courage et de patience avant d'entreprendre sa besogne ; sa persévérance fut récompensée par une coquille d'huître qu'il déterra au bout de quatre heures de fouilles acharnées.

Il mordit la muraille avec cette dent improvisée, et crut avoir un instant entamé sa magnifique opération, mais hélas ! il s'aperçut bientôt que c'était l'écaille et non le mur qui tombait en poudre. Convaincu, dès lors, que le fer seul pouvait accomplir cette œuvre destructive, il finit par où il aurait dû commencer : visitant le lit, disséquant la boiserie pour y surprendre une vis quelconque. Mais vainement. Alors M. le duc de Noyal-Treffléan proféra un blasphème que le diable enregistra de suite sur son album particulier. Pendant qu'il s'abandonnait à des gesticulations immodérées, ses doigts touchèrent sur son vêtement un pli qui lui fit pousser une exclamation.

— Comment avais-je oublié ?... dit-il en saisissant dans l'une des poches de son habit un petit poignard vénitien ciselé et solide.

Avec son poignard il se remit au travail. Chaque

coup emportait une parcelle de la muraille. Mais une insupportable douleur de reins faillit gâter la plus vive et la plus poignante sensation qu'eût éprouvée depuis longues années cet étrange personnage. Par bonheur il était doué d'un génie inventif, et, se couchant à plat-ventre sur son matelas, il put ainsi poursuivre commodément son plan d'évasion. Ses émotions furent telles pendant qu'il se livrait à ce travail de taupe, la crainte qu'on n'entendît les chocs de l'acier sur la pierre, son incertitude sur la nature de l'obstacle nouveau qui allait, après le mur, s'opposer à son but, tout cela chatouillait si bien ce cœur usé, que par moments il s'écriait en éclatant de rire :

— Vous avez de l'intelligence, monsieur Soleil, vos tours varient enfin !

Puis il repiochait avec une ardeur infatigable.

Ce labeur dura trois grands jours. A mesure qu'elle avançait, la besogne était plus facile et le mur plus tendre. Bientôt ce ne fut plus une écorchure qu'avait pratiquée le poignard, et le duc put sonder sa trouée. Après la pierre venait un terrain argileux, facile à enlever même avec les ongles. Cette découverte redoubla son activité; mais comme il voulait procéder méthodiquement, il s'occupa de terminer son embrasure avant d'aller plus avant.

Enfin, la muraille était percée entièrement. Il n'y avait plus que la terre à fouiller, et déjà le duc s'inquiétait de savoir où il trouverait une branche de feuillage et des rubans pour couronner dignement son œuvre, lorsqu'il lui sembla entendre des grognements bizarres. Cet incident lui donna la persuasion que la sape le dirigeait vers une autre cave où était enfermé un animal immonde qui attendait probablement l'heure où le charcutier l'immolerait aux avidités de sa clientèle. Au risque d'un si mortifiant voisinage, il continua de gratter, mais les grognements devinrent bientôt tellement formidables, qu'il s'arrêta pour tâcher de reconnaître, par audition, le genre de monstre en face duquel il allait se trouver. Parfaitement initié au langage des bêtes fauves des deux mondes, il écoutait avec attention, quand tout à coup sa main rencontra dans la terre une énorme patte velue et griffue.

— Un ours ! s'écria-t-il en retirant ses doigts.

Le duc venait de découvrir les titres et qualités de son voisin. C'était un ours! un ours gigantesque, à en juger par son effroyable respiration et par la dimension exagérée de ses griffes. Cet ours, s'étant aperçu sans doute des efforts qu'on faisait pour pénétrer dans son antre, venait poliment au-devant de son visiteur en travaillant, lui aussi, au boyau de communication. Telle était la cause de la poignée de main échangée avec le duc de Noyal-Treffléan. Celui-ci se sentit mal à l'aise, et son impassibilité ordinaire déserta son âme. Il sortit de son trou, effrayé pour la première fois de sa vie. Et, circonstance peu propre à lui rendre sa présence d'esprit, il entendit le terrible quadrupède se livrer avec rage à l'achèvement du travail qui lui promettait un gras et illustre seigneur pour pitance.

En ce moment si François Soleil se fût présenté, il n'eût reçu qu'une faible portion de compliments pour cette dernière surprise. Mais l'effet s'avançait si menaçant, que la cause n'apparaissait plus. L'ours faisait voler la terre jusqu'aux jambes du prisonnier. Il était temps de songer à des moyens de salut. Comment refermer le mur? Cette question prenait le duc à la gorge. Il n'y avait plus une seconde à perdre en hésitations. Il roula son matelas, et, à défaut d'autres matériaux, il en improvisa une bonde, qu'il enfonça dans sa trouée ; il appuya son lit et sa chaise en barricade contre le tas de laine, puis, s'étant appuyé lui-même à ces impuissantes fortifications, il attendit, dévoré d'angoisses...

Ici nous prions le lecteur de se mettre à la place de notre personnage, pour comprendre l'émotion qu'il dut éprouver quand son triste mobilier vacilla sous ses reins. Excité par les obstacles, l'ours furieux prit le matelas dans sa gueule et l'attira d'un seul mouvement. Alors entre lui et l'homme il n'y eut plus qu'une chaise et la boiserie d'un lit. Ce fut alors que l'animal se décida à passer par le trou !

Évidemment le duc de Noyal-Treffléan était perdu; car comment lutter contre ce colossal ennemi pour lequel une lame de Venise ne pouvait être qu'une épine ? D'un regard désespéré il interrogea les ombres de sa prison. La chaise craquait déjà sous les dents de l'envahisseur, lorsque le duc vit descendre le panier qui lui apportait sa nourriture.

D'un bond il s'élança à la corde, et, les pieds appuyés sur l'osier, les mains serrés autour du chanvre sauveur, il se confia à cette dernière chance de salut. Par un bonheur cruellement calculé d'après les ordres invisibles de Soleil, le panier remonta si bien, que l'ours, se ruant dans le cachot pour y saisir sa proie, eut un accès de colère épouvantable en s'apercevant de la déception. Suspendu à dix pieds au-dessus du sol, mais encore à distance de la voûte, parce qu'on n'avait remonté le panier qu'à moitié seulement, haletant, sentant son frêle esquif se démembrer sous lui, le duc de Noyal-Treffléan écoutait la bête qui, dans son délire, se heurtait aux murailles de façon à ébranler tout l'édifice.

— Hissez-moi donc entièrement! s'écria le duc d'une voix impérative et suppliante à la fois.

Mais les préposés de Soleil avaient ordre de demeurer sourds aux prières comme aux menaces.

Le panier craquait, tandis que l'ours se livrait à ses transports de fureur. Redoutant une lassitude inévitable, le duc voulut faire une nouvelle tentative par ascension. La grille du panier aux vivres pouvait être restée ouverte. Sur ses poignets il s'enleva comme un mousse le long d'un câble, à cette différence près que sa corde à lui était si mince qu'elle offrait à peine prise à ses efforts surhumains.

Nous l'avons déjà dit, ce cachot était d'une infernale profondeur; jamais le duc n'en avait eu une idée bien précise. Pour arriver à son but il croyait n'avoir qu'une faible distance à franchir. Une fois élancé, il lui sembla que c'était vers le firmament qu'il s'agissait de monter; après des crispations affreuses, les mains brûlantes, les genoux déchirés, il arriva enfin à l'ouverture, mais le grillage de fer pesait sur elle, barbare et étroit! Le malheureux prisonnier appela à son secours, promettant à quiconque lui ouvrirait la trappe de cet enfer, deux ou trois de ses châteaux, quatre ou cinq de ses maisons de ville, puis enfin toute sa fortune! Personne ne fit mine d'entendre. Il jura, il grinça des dents. L'ours seul répondit par un rugissement; et le duc, regardant sous lui, vit la gueule de cet animal, ouverte comme un gouffre et éclairée par la sanglante phosphorescence de ses deux yeux.

Je sais, par ma jeunesse liseuse, ce que s'attire d'imprécations un auteur qui abandonne un de ses héros dans une situation perplexe, pour passer à un chapitre tout différent. Bien que ce moyen d'intérêt m'ait toujours répugné, les nécessités de mon œuvre me forcent aujourd'hui à y recourir. La suite m'excusera, j'en suis convaincu, et l'on ne tardera pas à voir qu'il ne m'était guère possible de faire autrement.

Retournons donc à l'hôtel de Perverie, pour voir ce qui s'y était passé pendant la détention de M. le duc de Noyal-Treffléan. Les démarches de la marquise pour retrouver la fille de la Clarendon, à présent sœur Elisabeth-des-Anges, n'étaient pas entièrement demeurées sans résultat. Un jour qu'elle dictait à Émile une lettre dans laquelle elle s'enquérait d'un médecin surnommé, il y a dix-sept ans, le *Médecin des pauvres*, Émile s'arrêta et lui apprit que son bienfaiteur, le docteur Champdoiseau, était probablement celui qu'elle cherchait. Ce renseignement obtenu, la marquise se mit à la piste du docteur, en commençant par l'hôpital des Enfants-Trouvés ; mais là ses incertitudes redoublèrent, car il y avait un mois que l'estimable Champdoiseau ne s'y était montré. Elle s'informa de son domicile et courut au quai des Augustins, dans la maison qu'on lui indiqua et où nous avons fait entrer une fois le lecteur. Mais le vieux savant avait également abandonné sa boutique, et l'on ne savait plus vers quel point de la ville il s'était dirigé. Les renseignements que l'on put donner se bornèrent à ceux-ci : devenu subitement possesseur d'une assez forte somme, Champdoiseau, devançant d'un demi-siècle le règne de la réclame, s'était mis à encombrer les gazettes de toutes sortes d'annonces relatives à sa *mégalanthropogénésie*. Ce n'était ni par orgueil ni par avidité qu'il recourait ainsi aux cloches de la publicité, non, le bonheur de tous, le perfectionnement de la race humaine, faisaient son unique désir. La gloire, beauté si revêche et si agaçante d'ordinaire pour un homme à cheveux gris, avait à peine attiré les regards de l'ancien Médecin des pauvres. L'intérêt public était son nécessaire, l'honneur ou la fortune son superflu. Cependant, malgré la magnanimité de ses intentions, des inimitiés jalouses avaient dressé leur tête devant lui. La Faculté des sciences surtout, après avoir payé des agents mystérieux pour se glisser dans son laboratoire et mêler des drogues nuisibles aux aliments des *mégalanthropogénésiens*, venait de promettre dix mille écus à un misérable, à la condition qu'il empoisonnerait le docteur même. Nous n'avons nul besoin de dire que tout cela n'était qu'imaginations créées par ce bon Champdoiseau pour son propre tourment. L'histoire lui avait appris que le titre de savant s'enlaçait toujours à celui de martyr, et il ne croyait pas convenable de rester au-dessous de Galilée ou de Descartes.

Ce fut d'abord à la police qu'il demanda de protéger son existence mise à prix. Le lieutenant civil lui répondit que s'il renouvelait de semblables prétentions, on l'emprisonnerait comme atteint d'aliénation mentale. Alors, persuadé que les magistrats eux-mêmes trempaient dans le complot dirigé contre lui, l'infortuné Champdoiseau n'osa plus sortir le soir. Il ne se hasardait jamais qu'avec un vieux glaive caché sous sa houppelande et il rentrait avant le coucher du soleil. Mais bientôt, il crut reconnaître des connivences entre son concierge et ses ennemis invisibles, et dès ce moment il se prépara à la retraite, car la position n'était pas tenable. Peut-être qu'en changeant de quartier et en prenant un faux nom, il pourrait échapper au danger. Un matin, il mit ses *mégalanthropogénésiens*, sa bibliothèque et sa pharmacie dans un fiacre ; et il disparut en se tenant derrière la voiture comme un laquais, afin de voir si personne ne le suivait.

Où trouver maintenant cet homme bizarre ?

Émile avait accompagné la marquise de Perverie dans ses recherches. Depuis l'important service qu'il lui avait rendu lors de la grande scène du soir entre elle et le duc, en décidant la retraite de celui-ci par son apparition subite, notre héros avait entièrement gagné la confiance et l'affection de la marquise. Il partagea vivement son désappointement, et il résolut, de son côté, de tout mettre en œuvre pour déterrer la nouvelle retraite du docteur Champdoiseau. Déterrer était peut-être le mot. Il battit le pavé de Paris pendant plusieurs jours, hantant les endroits les plus fréquentés comme les plus déserts, depuis le Palais-Royal, qu'on appelait avec juste raison le *Palais Immoral*, jusqu'au Luxembourg, qui avait aussi ses galeries. Il rôda autour des églises, des académies et des maisons de charité. Il alla même jusqu'à interroger les gens dans les rues ; mais le Médecin des pauvres n'était connu de personne, ou pour mieux dire, il était oublié de tout le monde.

En voyant les absences réitérées de celui qu'il appelait son élève, le majordome Turpin ne put s'empêcher de lui en manifester son étonnement.

— Seriez-vous par hasard amoureux ? lui dit-il ; le petit dieu malin qui régit l'univers vous aurait-il percé le cœur d'une de ses flèches acérées ? Prenez garde ! L'amour est le plus funeste de tous les maux ; il se plaît à jouer des tours aux humains, nul ne peut se soustraire à son empire. Méfiez-vous, vous dis-je, et suivez en cela les conseils de cet auteur si connu dont je ne me rappelle plus le nom :

Dans l'enfance, la femme est une fleur naissante,
    Cultivez-la !
Dans son adolescence, une barque flottante,
    Arrêtez-la !
Dans un âge plus mûr, une vigne abondante.
    Vendangez-la !
Dans sa vieillesse, hélas ! une charge pesante,
    Supportez-la !

Émile remercia beaucoup le majordome de son poétique avertissement, tout en l'assurant qu'il n'était pas amoureux. Mais Turpin ne lâchait pas prise comme cela, et lorsqu'il tenait une idée, il la tenait bien. Il hocha la tête et regarda le ciel avec mélancolie.

— Hélas! je sais ce que c'est. On veut se défendre d'un sentiment à la fois si cruel et si tendre. Je vous excuse et je vous plains.

Il soupira.

— Ecoutez, mon ami. Aujourd'hui j'ai résolu de vous amener dans une société illustre qui pourra peut-être parvenir à vous faire oublier votre blessure. Il est temps enfin de vous initier à des mœurs et à un langage différents de ceux que vous avez toujours connus.

— Quelles mœurs? quel langage? de quelle société voulez-vous parler?

— Montez dans votre chambre et parez-vous de votre mieux. Puis revenez me trouver. Moi je vais endosser mon habit rouge!

Émile obéit sans répondre. Peu lui importait d'aller seul ou en compagnie; et puis, d'ailleurs, un vague espoir le berçait toujours. Il revint donc au bout d'un quart d'heure, habillé selon l'ordonnance : il portait une lévite de couleur brune, de jolis bas chinés, un gilet de piqué, des boutons grands comme des écus de six livres et des boucles d'argent à ses souliers. Un chapeau rond en fin castor, orné d'un large bourdaloue, et une canne à la main, complétaient ce costume simple, mais de bon goût, qui mettait en évidence sa taille agréable, sa tournure élégante et ses grands yeux vifs et noirs. De son côté, le majordome avait revêtu *l'habit rouge,* qui était pour lui le dernier mot du luxe, l'habit rouge, qu'il ne déployait que dans les occasions suprêmes, et dont il avait coutume de dire :

— S'il était doublé d'hermine, je ressemblerais trait pour trait à Voltaire !

Il avait en outre un gilet *à sujet*, des boutons à sujet, et même des boucles à sujet.

Depuis cent ans les modes françaises ont parcouru la gamme des plus bouffonnes déraisons. Où cela s'arrêtera-t-il ? On ne sait. Peut-être cela ne s'arrêtera-t-il pas. En l'année où se passe notre action, elles atteignaient aux degrés extrêmes de la folie. On voyait passer des hommes bariolés de blanc et noir, qui portaient le deuil de Marlborough, dont une princesse venait de remettre la chanson en grande vogue.

Quelques autres avaient des habits de drap, d'une couleur si drôle et si indéfinissable, qu'on lui avait donné le nom d'*entraves de procureur*. Mais la mode était surtout aux longues redingotes. Actuellement les Parisiens voulaient paraître droits et minces. Trente ans plus tôt, il affectaient d'avoir de grosses épaules et de marcher voûtés. Plus anciennement, ils se chargeaient de faux ventres d'une grosseur énorme. La configuration de leurs chapeaux variait du soir au matin, tantôt ronds et à larges bords, tantôt prodigieusement élevés et presque semblables à la coiffure des Polichinelles. La tête des femmes était surtout un monument de ridicule gracieux, dont le crayon mieux que la plume saurait donner une idée. Avec leurs cheveux pendants par derrière, la plupart d'entre elles ressemblaient à des conseillers ou à des marguilliers de dimanche. On se coiffait en *chien couchant* et en *hérisson*, c'est-à-dire avec un toupet d'emprunt, haut pour le moins d'un pied et demi et dont les cheveux dressés menaçait le firmament. On se coiffait encore *à la Captif* et quelquefois en *escalier de Fontainebleau*. Les chapeaux n'étaient pas moins absurdes ; larges comme une table à thé, ils étaient couronnés d'une bonde très-haute, avec des pompons balancés. On s'affublait de chapeaux en ballon, à la Figaro, à la Dragonne ou à la Pandour. Un fichu bouffant enveloppait le cou et montait jusqu'au menton. Ces modes insensées ne manquaient pas d'un certain prestige ; sous cet attirail gigantesque de plumes et de gaze, un visage joufflu s'amoindrissait sensiblement, tandis qu'une figure de peu d'apparence semblait acquérir de la sorte un embonpoint refusé par la nature.

Les gilets étaient en grande et tyrannique faveur ; on en variait les dessins à l'infini. Du haut en bas, c'étaient de petits personnages fort mignons, des traits comiques ou galants, des chasses et des vendanges. Sur le ventre de quelques personnes, on voyait passer un régiment de cavalerie tout entier. Un chevalier de l'Épinard, qu'on citait dans quelques cercles indulgents, s'était fait faire une douzaine de gilets qui offraient les attrayantes scènes de *Richard Cœur de Lion* et de *la Folle par amour*. Il voulait, disait-il, que sa garde-robe devînt le répertoire de toutes les pièces de théâtre en renom, afin qu'elle pût un jour lui servir de tapisserie.

Que les hommes et les femmes de ce temps-là, temps sans retour, étaient donc heureux ! Comme la richesse était alors une chose qui valait la peine d'être riche, et de quelles mille façons étonnantes et joyeuses on pouvait utiliser son argent ! Si je m'arrête quelquefois, souvent même avec une trop méticuleuse complaisance, sur les splendeurs frivoles de ce siècle d'opéra, qu'on me le pardonne, en songeant aux peintures sérieuses qui m'attendent et qui heurtent, impatientes, à la porte de ce chapitre.

Émile et le majordome Turpin se mirent en route ; ils traversèrent les Champs-Élysées et passèrent les ponts. Une fois dans le quartier savant, on les vit entrer au café Dubuisson, où se trouvaient rassemblés beaucoup d'hommes de tout âge, qui parlaient haut et d'une manière excessivement animée. Le café Dubuisson, autrefois café Procope, bien déchu de son ancienne splendeur, ne pouvait plus passer pour l'antichambre de la renommée. Cependant il y venait encore des gens de lettres et des artistes. Nous allons en faire connaître quelques-uns.

Nos deux intrus se faufilèrent dans la seconde piéce, qui était le cercle par excellence, et ils allèrent s'asseoir modestement dans un coin, d'où ils pouvaient entendre et voir sans être trop remarqués. Le majordome désignait à Émile les principaux personnages de l'assemblée, tout en savourant une tasse de moka brûlant qu'il arrosait de citations en vers.

Dans les vingt dernières années du dix-huitième siècle, les figures originales se succèdent en littérature et en philosophie. C'est une profusion et une confusion. On ne sait pas au juste s'il s'agit d'une décadence ou d'une aurore. Plus on marche vers la Révolution, plus le désordre se manifeste dans les lettres, plus les traditions sont rejetées. Il est facile de se faire une idée de cette perturbation en feuilletant le *Mercure* et l'*Année littéraire*. L'orage gronde au Parnasse comme il gronde à la cour ; c'est le même esprit d'inquiétude et de tentative. La mythologie s'en va. Étendus sur leur chaise longue, les poëtes de boudoir se font coiffer pour leur dernier soupir; ils emportent avec eux les roses, les paillettes et les flûtes.

— Bonsoir, Nougaret, s'écria le majordome, après avoir longtemps cherché du regard, heureux de rencontrer enfin quelqu'un de connaissance.

Émile jeta les yeux sur l'individu que venait d'apostropher ainsi son compagnon. Il vit un bout d'homme brun de visage, myope, parlant du nez, l'air *minable,* comme on dit, ayant un habit déchiré sous les bras, coupé aux plis, gras sur les côtés.

— Que diable fais-tu par ici ! je te croyais encore à Bicêtre ou au Châtelet, dit Turpin.

— Ah ! mon ami, tu me vois dans la joie et dans la fortune ! s'écria le petit homme ; la belle chose que la littérature ! Figure-toi que j'entre décidément au théâtre de Nicolet, le marché est conclu depuis hier. Je dois souffler et faire des pièces. Pour la première pièce, j'aurai douze livres et une culotte; pour la seconde, douze livres et une paire de souliers avec des bas ; douze livres pour la troisième, avec une veste; et enfin, douze livres pour la quatrième, avec un habit noir retourné.

— La peste ! dit son interlocuteur ; je te fais mon compliment.

Nougaret était fort sérieux dans son enthousiasme. Il avait commencé par être garçon du café du Luxembourg, et devait être plus tard un de nos plus infatigables écrivains.

— Tu parles de pièces, n'est-ce pas? dit le chanteur Trial en s'approchant de lui ; on est venu nous en lire une ce matin, dont je ris encore.

— Qu'est-ce donc? qu'est-ce donc, demandèrent plusieurs voix en s'empressant autour de Trial.

— Il s'agissait d'une comédie en trois actes mêlée d'ariettes, intitulée *le Coche*. Je ne sais comment s'appelle l'individu qui est venu nous la lire sérieusement. Voici du reste, en trois mots, quel est le sujet de cette pièce. Au premier acte on voit paraître, sur une grande route, des bourgeois qui attendent le coche avec impatience, parce qu'il y a dans le coche une personne de leur connaissance, et ils s'informent à tout le monde si le coche est passé ou s'il passera bientôt. Enfin, las de regarder à leur montre et de questionner, ils vont déjeuner dans le cabaret voisin ; et c'est la fin du premier acte. Le second acte n'a d'autre action que celle du coche qui passe et des bourgeois qui vont demander au cocher si M. un tel est dans le coche. On leur répond que M. un tel n'y est pas, et ils suivent la voiture en grondant beaucoup. Ainsi se termine le second acte. Le troisième est bien plus intéressant encore : les mêmes bourgeois reviennent sur la scène, maudissent leur étoile, regrettent la peine qu'ils ont prise, et finissent par rentrer dans le cabaret pour se consoler.

Cette narration s'acheva au milieu des éclats de rire.

En se tournant, Trial se trouva face à face avec un petit vieillard qui venait d'entrer, la tête branlante, et fort mal vêtu.

— Chefdeville ! s'écria-t-il après l'avoir attentivement regardé.

Le petit vieillard eut un sourire.

— Quoi ! mon pauvre Chefdeville, c'est bien vous, vous en si piteux équipage, vous que j'ai connu plus riche cent fois que M. Lyonnais, le médecin de chiens !

— Oui, riche ! murmura le nouveau-venu ; j'ai été riche moi. Maintenant je ne le suis plus, voilà voilà toute l'affaire. Qu'y a-t-il de surprenant à cela ? Mon Dieu ! rien. Je suis Normand et fils de meunier. La fortune a cent portes pour entrer dans la maison d'un homme qu'elle aime. Elle est entrée chez moi au son de la musette, et il fut un temps où ma musette et moi eûmes la vogue. Louis XV voulut m'entendre, il prit goût à la musette, et mesdames ses filles aussi. Les courtisans, qui étaient ce qu'en tous pays sont les courtisans, imitèrent le roi ; je ne pouvais suffire à leur donner des leçons. Ils me payaient chèrement. En peu de temps, j'amassai plus d'un demi-million, et j'achetai le château de Charolais, avec ses quarante arpents de jardins, dans le faubourg de la Nouvelle-France. C'était un prince qui les possédait, ce fut *Chefdeville la Musette* qui en devint le maître. Ainsi va le monde. J'ai commencé ma vie par faire danser les bergères, je l'ai finie par faire danser des princesses. Vive la musette !

— Mais, aujourd'hui, mon pauvre Chefdeville, que sont devenues vos richesses ?

— Et votre château de Charolais ?

— Et vos quarante arpents de jardins ?

Le vieillard fit entendre un petit soupir.

— Vive la musette ! vive la musette ! J'ai tout bu, j'ai tout mangé, j'ai tout dépensé en fêtes, mais je ne me plains pas. Vive la musette !

Il s'éloigna pour aller boire à crédit un verre de ratafia, ce millionnaire qui mourut de pauvreté l'année suivante.

Sur un autre point, c'était une autre histoire que racontait le fameux marquis de Bièvre, serré, pincé, presque grave, son histoire, à lui, extravagant chef-d'œuvre, qui a fait le tour du monde et créé un nouveau genre de littérature.

— A douze ans, disait-il, je connaissais déjà toutes les langues *fourrées ;* à treize je fis une ode en vers *luisants,* et je donnai une pièce *de deux sous* en cinq actes *de contrition,* à l'occasion de laquelle on m'envoya une meute de chiens *dent* et un superbe couteau de chasse *marée.* Enfin arriva le jour de ma présentation à la cour : pour y faire mon entrée *de serrure,* je commandai à mon tailleur *de pierre* un habit de velours à ramage *de rossignol,* brodé en argent *comptant,* avec des manches *à balai* et des revers *de fortune...*

— Ah ! ah ! ah ! faisait le cercle.

Le marquis continuait, imperturbable :

— A mon arrivée, on sonna toutes les cloches *de melon,* on fit battre la caisse *d'escompte,* et l'on tira plus de quinze cents boîtes à *bonbons.* Plus loin, on récitait des harangues et l'on chantait des airs *rébarbatifs.* C'est ainsi que je fus conduit dans un magnifique jardin où de belles serres d'*épervier* renfermaient les plantes *des pieds* les plus rares ; un canal immense couvert de cygnes *de tête* en rompait l'uniformité. En sortant de là, *si, ut...*

— Grâce, criait la foule cramoisie d'hilarité.

— En sortant de là, *b, c, d...*

— Assez ! assez !

— Je voulus voir plus haut, *p, q...*

Le majordome Turpin s'était approché du marquis de Bièvre, pour ne pas perdre un seul de ses coqs-à-l'âne, dont il riait gros joyeusement.

Pendant ce temps, Émile, resté à sa place, remarquait un jeune commis libraire, leste, vif, qui demandait à chacun d'une allure dégagée :

— Avez-vous lu les trois premières parties de mon roman ?

— Quel roman ?

— Les *Aventures du chevalier de Faublas.*

— Non ; mais j'en ai fort entendu parler. Où donc avez-vous appris, mon cher Louvet, à si bien connaître les grandes dames de notre siècle ?

— Ah ! c'est mon secret.

Il se frottait les mains.

— Prenez garde, monsieur! lui dit un individu qui l'avait écouté; vous avez fait un livre d'autant plus dangereux que le vice y est paré et fardé comme pour une fête, et que la volupté y est présentée comme une vertu. Vous avez plus osé que Crébillon fils, qui habillait les Français en Turcs; vous avez habillé les Turcs en Français, et vous avez placé leur sérail au milieu de Paris. Prenez garde. Votre roman a tout juste le degré banal de charme et de véracité qu'il faut pour être lu par le peuple. Point d'allégories, point de mystères; vous n'attaquez ni les ministres, ni le parlement, ni le roi, ni aucun pouvoir; vos portraits ne sont pas les copies de personnes vivantes. Aussi, n'est-ce pas de la noblesse que partira votre succès. La noblesse ne se mire que dans les glaces qui la flattent ou l'enlaidissent; votre succès vous viendra d'en bas, ce qui est un grand malheur, surtout pour les temps où nous vivons.

Louvet demeura un instant interdit sous cette semonce; puis, quand l'inconnu se fut éloigné:

— Quel est cet original! s'informa-t-il; un critique ou un philosophe?

— On dit que c'est un docteur.

— Et son nom ?

— Il s'appelle, je crois, M. Guillotin.

Le jeune auteur de *Faublas* tourna sur ses talons et alla se mêler à d'autres groupes.

Mercier de Compiègne jouait aux dominos avec Mérard de Saint-Just, un maître-d'hôtel devenu littérateur. Mérard de Saint-Just félicitait Mercier de Compiègne de ses Éloges de la paille, de la goutte et de la boue; et celui-ci, à son tour, complimentait celui-là sur sa dernière lettre sans A adressée au duc de B***. Cubières, que l'on appelait Dorat-Cubières, à cause de son admiration fanatique pour ce poëte, gesticulait avec violence pour dire des riens, entouré de Sabatier de Castres, de Le Suire et de Saint-Ange, qui l'écoutaient en souriant satiriquement. Ce Saint-Ange, un des rédacteurs du *Mercure de France*, demeurait alors rue Française, au cinquième étage; il avait crayonné sur sa porte le distique suivant :

Messieurs, frappez une ou deux fois
Et vous verrez quelqu'un paraître;
Si vous êtes forcés de frapper jusqu'à trois,
C'est que je n'y suis pas ou bien n'y veux pas être.

L'attention de ces quatre personnages fut détournée par l'arrivée d'un écrivain dont la réputation commençait à naître.

— Le berger Sylvain ! s'écrièrent-ils.

Ce berger Sylvain était Sylvain Maréchal, premier athée de France. Il sortait en ce moment de la prison de Saint-Lazare, où il avait été enfermé pour son *Almanach des Honnêtes Gens*.

— Les im...bé...ciles ! disait-il en bégayant ; m'avoir fait un crime de placer Jésus-Christ à cô... cô... té... de Ninon de l'Enclos... et de Spinosa ! Par... bleu ! ils en verront bien d'autres !

— Quoi ! vous ne vous repentez donc pas ? demanda Le Suire.

— Votre détention ne vous a donc pas corrigé ? dit Dorat-Cubières.

— Allons donc ! Je... je travaille à un nouvel ouvrage qui sera inti... tu... tu,..

— Intitulé, dit Sabatier de Castres.

— *Idée d'une société d'hommes sans Dieu.*

— C'est un fort beau titre.

— N'est-ce pas ? dit Sylvain Maréchal, enchanté.

L'heure avançait. Émile et Turpin se disposaient à

sortir du café Dubuisson, lorsque dans un des coins de la salle s'éleva un tapage tel que la curiosité leur fit rebrousser chemin. S'étant approchés d'un groupe d'hommes qui criaient et se mouvaient, ils virent la cause de ce tumulte ; c'était un personnage enbobeliné d'un manteau. On l'accusait d'appartenir à la police, et il se défendait maladroitement, en suppliant qu'on le laissât s'en aller. Émile le reconnut et poussa un cri de joie.

— C'est lui, dit-il.

Il fendit rapidement la foule, et tendant la main au vieillard :

— Messieurs ! messieurs ! prononça-t-il, je vous assure que vous vous trompez ; cet homme est l'ancien médecin des pauvres du quartier de la Cité, c'est le docteur Champdoiseau !

— Champdoiseau !

— Le *mégalanthropogénérateur !* s'écria-t-on de toutes parts.

Avant d'aller plus loin, expliquons la singulière mésaventure de ce bonhomme. Depuis sa disparition du quai des Augustins, convaincu plus que jamais des dangers immenses que la rivalité semait sous ses pas, il s'était acheté plusieurs déguisements, afin de pouvoir circuler dans Paris sans être reconnu. A l'aide de ces transformations, il résolut de se glisser au sein des réunions savantes où il supposait qu'il se tramait des complots contre ses découvertes scientifiques. Le café *Procope* avait semblé à Champdoiseau l'antre où ses ennemis tenaient conseil. Pendant plusieurs jours, il se borna à rôder devant l'entrée, glissant son regard au moindre entre-bâillement des rideaux, écoutant parler les gens qui sortaient, et les suivant quelquefois jusque chez eux pour savoir leurs noms. Tout cela ne lui avait pas révélé le mot de la conspiration ourdie contre lui. Un soir, le cœur plein de courage, il alla prendre place au milieu des insurgés au risque d'être poignardé comme César. Mais il n'entendit pas un mot qui eût rapport à ses travaux ou à sa personne.

— Ils me savaient là, pensa-t-il en se retirant.

Le lendemain, il revint encore mieux métamorphosé. On parla politique, astronomie, poésie et théologie, sans avoir l'air de songer qu'il existât au monde un docteur Champdoiseau. Le surlendemain, toujours sous un nouveau costume, l'infatigable savant prit encore place dans un angle. Il faisait mine de lire les gazettes et tenait ses oreilles ouvertes comme des entonnoirs. Des garçons l'avaient remarqué. En ce temps-là, le volcan révolutionnaire grondait dans les entrailles de la France, et l'activité de la police était connue de tout le monde. On supposa donc que ce singulier protée, qui, au café Dubuisson, n'apparaissait jamais deux fois de suite sous les mêmes vêtements, appartenait à la surveillance du royaume. On comprend maintenant l'accueil qui venait d'être fait au docteur Champdoiseau.

A peine eut-il dépouillé son anonyme qu'on le hissa sur un tabouret, et là, à sa grande rougeur, des hourrahs célébrèrent ses découvertes *mégalanthropogénésiennes*. Il fallut qu'Émile et Turpin intervinssent une seconde fois pour l'arracher à ces nouvelles démonstrations, et ce ne fut pas sans effort qu'ils y réussirent.

Une fois qu'ils furent dehors :

— Où me conduisez-vous, mes enfants ? demanda le docteur que chacun d'eux tenait par un bras.

— A l'hôtel de Perverie, répondit Émile.

Hugues-Sylvain-Magloire-Étienne-Nicolas-Dominique-Charles de Noyal, duc de Noyal-Treffléan, seigneur de Chef-Boutonne, de Fougereuse et de Ménitré, était demeuré suspendu au-dessus de la gueule d'un ours. Cet ours était de race, lui, aussi ; c'était un ours gentilhomme, épais et brun, qui avait encore des glaçons de la Suisse emmêlés dans ses poils. Son allure était superbe sans trop de pesanteur, car il était jeune, et ses dents éblouissantes de fraîcheur dans leur cadre écarlate donnaient assez l'idée d'un piano.

Le duc, toujours cramponné à sa corde, put aisément se convaincre de la supériorité de cette mâchoire, en le voyant se dresser sur ses pattes et lui tendre, comme un mendiant, cette sébille de nouvelle espèce. En toute autre occasion, le duc de Noyal-Treffléan se fût empressé de rendre justice à l'incontestable beauté de cet animal. Mais, en ce moment, ce ne sera pas trop hasarder que d'affirmer qu'il ne jouissait pas tout à fait de la sérénité de son jugement, et que l'incommodité de sa situation lui enlevait une grande partie de sa liberté d'examen. Ses forces s'épuisaient, son courage se lassait; des crampes le mordaient aux jambes, aux genoux et aux épaules.

Cinq minutes de plus, et ses doigts sans force allaient peut-être lâcher la corde ; par bonheur, ce jour était le quinzième de sa captivité ; et au moment où il sentait un nuage enflammé envahir son cerveau, la grille que heurtait son front se souleva tout à coup, le panier aux vivres fut mis en jeu par un mouvement ascensionnel. Il était temps, car à peine le duc se trouva-t-il hors de danger qu'il lui prit une faiblesse. Son regard, tout à l'heure dilaté à l'excès, rentra sous la paupière fermée comme rentre un diamant dans l'écrin. Mais alors il était en lieu sûr, et ce fut François Soleil qui le reçut dans ses bras.

Revenu entièrement à lui-même, le duc de Noyal-Treffléan sentit qu'on lui bandait les yeux. Il ne fit aucune résistance et se laissa guider. On le fit monter par un escalier étroit et tortueux, comme celui d'une tourelle. Puis il entendit le bruit d'une porte qu'on ouvrait ; et l'air pur du dehors vint le battre au visage. Bientôt le sable, criant sous ses pas, lui fit juger qu'il était dans un jardin ou sur une terrasse. Il pouvait être quelque chose comme cinq heures de l'après-midi, et le vent était frais. Alors il pensa.

— Peut-être cette promenade a-t-elle pour but de me ramener à l'amour de la nature par l'appréciation exclusive de ses odeurs et de ses harmonies.

Dans cette idée, il respira à pleins poumons et il écouta de toutes ses oreilles.

— Le fait est, murmura-t-il, que c'est tracassant de ne rien voir, surtout lorsqu'on sait pertinemment n'être pas aveugle. A la longue, cela constituerait un supplice bizarre. Il faut que j'essaye à le faire adopter par les tribunaux. Tel sera condamné à avoir les yeux bandés pendant cinq ans, tel autre pendant dix ans, tel autre encore...

Mais le duc de Noyal-Treffléan fut subitement interrompu dans ses projets de pénalité. Ses compagnons venaient de s'arrêter. Un grand mouvement se faisait à cet endroit; il entendait des gens aller et venir; des ordres étaient donnés à voix basse. Tout à coup une colonne d'air s'abattit sur lui si énorme qu'il faillit en être renversé !

— Ouais ! dit tout haut le duc, qu'est-ce que cela signifie ?

Aussitôt une voix s'écria précipitamment:

— Tenez les cordes ! tenez ferme !

Il y eut encore une seconde bouffée d'air, mais plus faible et moins prolongée.

— Parbleu ! M. Soleil, vous vous êtes trahi, et je viens de reconnaître votre voix. Est-ce une tempête que vous organisez sur le gazon ? ou bien seulement avez-vous réussi à vous procurer le dieu Borée et à l'enfermer dans une outre ?

Personne ne répondit. Toutefois, l'agitation devenait de plus en plus intense autour du duc. Au milieu du bruit des pas et des voix, il crut distinguer un cri étouffé, un cri de femme... Presque au même instant, il fut saisi par les quatre membres sans qu'il eût le temps de se débattre, et il fut déposé dans une sorte de fauteuil oscillant, très-commode, du reste, et on ne peut plus moelleux.

— Holà ! dit-il, dès qu'il fut revenu à lui, voulez-vous me donner une imitation du mal de mer ?

Au fond, il était intrigué. On le garrotta aux jambes et aux bras. Pendant cette opération, le fauteuil se balançait toujours. Un coup de sifflet partit. Le duc de Noyal-Trefféan se sentit violemment enlevé ; une commotion électrique lui courut par tout le corps; il eut froid aux tempes. Un autre coup de sifflet retentit; les cordes qui le retenaient et le bandeau qui couvrait ses yeux tombèrent comme d'eux-mêmes. Il vit alors... Et un cri involontaire s'échappa de sa poitrine, un cri perçant, vibrant, formidable.

Il était emporté par un ballon... un ballon immense!

Et devant lui, dans la nacelle, une femme, les yeux encore bandés...

Cette scène venait de se passer sur la terrasse d'une maison située dans la partie la plus solitaire de l'île Louviers. M. Soleil l'avait louée pour y établir le théâtre de ses opérations, et, durant la réclusion du duc, il y avait fait construire un gigantesque aérostat, comme l'idée lui en était venue en lisant dans le *Journal de Paris* l'annonce d'une prochaine ascension des frères Robert. Les ballons faisaient alors grand bruit. On ne parlait que des expériences de M. de Morveau, de M. Charles, et du pauvre *abbé Miolan*, dans le nom duquel un plaisant avait trouvé cet anagramme : *Ballon abîmé*. Celui que François Soleil avait fait faire pour le duc était prodigieux par son élévation, et, vraisemblablement, les cinquante mille livres n'avaient pas été de trop en cette circonstance. Il avait appelé à lui les plus célèbres physiciens et les hommes spéciaux, qui s'étaient mis au travail sous ses ordres, en secret. Au bout de quatorze jours, le ballon était achevé, et le quinzième il quittait la terre, à son premier signe de doigt.

Pendant que le duc de Noyal-Trefflèan s'élevait dans les airs, Soleil descendait l'escalier de la terrasse, afin d'aller jouir du coup d'œil au bord du quai. Sa figure était épanouie, et il se battait des mains à lui-même. Par une éclatante et audacieuse combinaison, il avait fait coup double en obéissant aux volontés de la marquise et en inventant pour le duc une série de sensations nouvelles.

François Soleil avait donc toute raison de se trouver satisfait de sa personne, et il ne s'épargnait pas les congratulations intimes, lorsque, en ouvrant la porte qui menait au dehors, il se vit face à face avec Émile, qui accourait, pâle, bouleversé, haletant. Un pressentiment traversa l'esprit de Soleil, qui recula par un mouvement involontaire.

— Trois-Mai ! Où est Trois-Mai ? s'écria Émile en lui sautant à la gorge.

Soleil devina tout, en voyant descendre d'un carrosse qui venait de s'arrêter à l'angle de la maison solitaire, madame de Perverie suivie du docteur Champdoiseau. Il comprit que ce dernier l'avait dénoncé et que les indiscrétions de Christine avaient fait le reste. Un juron s'élança du fond de sa gorge, comprimé au passage par les doigts du jeune homme qui lui serraient le cou.

— Misérable ! qu'as-tu fait de Trois-Mai ? répéta-t-il.

François Soleil essaya de lutter, mais l'exaspération d'Émile, jointe à sa force nerveuse, lui fut un insurmontable obstacle ; en moins d'une seconde, il tomba terrassé, et un genou s'ajouta sur sa poitrine aux deux mains qui lui faisaient un étau.

— Réponds, ou je t'étrangle comme un chien !

— Lâchez ! lâchez-moi ! disait Soleil, gonflé et bleu.

Émile desserra un peu les mains pour lui laisser la possibilité de se faire entendre.

— Où est Trois-Mai ? cria-t-il.

— Là-haut!... articula François en désignant le ciel où l'on voyait monter majestueusement le ballon.

. . . .

Sous les pieds du duc de Noyal-Treffléan, la terre fuyait, les cimes des arbres s'abaissaient. Un grand vent lui battait la figure. Il ferma les yeux pour ne pas choir, car le vertige allait s'emparer de lui. Tout à l'heure dans les entrailles de la terre, à présent au-dessus d'elle, dans les nuées, au pays des astres! Pendant quelques secondes il ne vit plus rien, n'entendit plus rien, ne sentit plus rien. Il doutait de son identité, il rêvait.

Le ballon montait, montait toujours, au milieu du silence et du calme limpide de l'atmosphère. Arrivé à une certaine hauteur, son vol devint insensible et égal. Il ne déchirait plus le ciel, il le fendait tranquillement et semblait respirer, à présent qu'il se sentait dans la patrie bleue. Ce fut alors que le duc de Noyal-Treffléan rouvrit les paupières, ébloui, enivré, sûr de lui-même cette fois. Il ne s'occupa pas d'abord de la femme aux yeux bandés qui était assise devant lui; une femme! il avait bien d'autres choses à voir. Il assura ses mains, et, inclinant la tête, il regarda au-dessous de lui.

Il distingua les boulevards depuis la porte Saint-Antoine jusqu'à la porte Saint-Martin; ils étaient couverts de monde, ce qui les faisait ressembler à une longue plate-bande de fleurs variées. Il passa au-dessus des jardins de la rue Saint-Antoine, et promenant sa vue au lointain, il découvrit la butte Montmartre, puis Neuilly, Saint-Cloud, Sèvres, Issy, Meudon. Le ballon montait toujours. Le duc, pour s'orienter, chercha le cours de la rivière, et, la suivant de l'œil, il aperçut le confluent de l'Oise. Il jugea qu'il devait être encore à Passy ou à Chaillot. Mais au lieu de traverser la Seine, comme semblait l'indiquer la direction de l'aérostat qui le portait sur les Invalides, il longea l'île des Cygnes et remonta jusqu'au-dessus de la barrière de la Conférence. Depuis plusieurs instants le ballon semblait demeurer immobile et comme hésitant. Le vent changeait. Bientôt il éprouva une vive secousse et recommença à filer, mais dans un autre sens. Il traversa la rivière entre Asnières et Saint-Ouen, passa rapidement sur Gennevilliers, Saint-Leu-Taverny, l'Ile-

Adam et Nesle. La majesté du paysage qu'il avait sous les yeux ne pouvait se comparer à nulle autre. C'étaient des amoncellements de vallons et de collines, baignés de vapeurs flottantes; des forêts qui avaient des nuages dans leurs cheveux; des courants d'eau qui brillaient dans des creux verts, sombres, jaunes, mordorés, bleuâtres, de toutes couleurs enfin, car on était dans l'automne. Maisons et châteaux n'apparaissaient plus que comme des points disséminés dans l'espace, et tels qu'une poignée de grains de millet jetés là par la main du ciel. S'il se retournait, il apercevait Paris, une botte de maisons, de choses noires et de tuyaux, reliés par un cordon de murs où les barrières figuraient les nœuds. Paris, ce murmure peint de nuances diverses, ce trou mouvant qui de loin lui faisait l'effet d'un grand tas de vase peuplé. Paris, c'est-à-dire des hommes qui battent leurs femmes, des violons toujours raclés, un roi et une reine comme dans les contes, des baisers échangés entre deux portes, des voitures écrasant les petits enfants, un fleuve d'eau sale que tout le monde s'empresse de boire, des armuriers qui forgent des révolutions et des libraires qui vendent les Lettres de madame de Sévigné.

M. le duc de Noyal-Tréffléan regardait tout cela et se sentait heureux, véritablement heureux, d'un bonheur jusqu'alors inconnu et sublime. Ce ne fut donc que par hasard que son regard tomba pour la deuxième fois sur la femme, sa compagne de voyage, qui se débattait dans ses liens et murmurait des plaintes inintelligibles.

— Au fait, dit-il, ce n'est pas un motif, parce que je suis en ballon, de désapprendre la galanterie.

Il se pencha vers elle et détacha avec précaution le bandeau qui l'empêchait de voir.

Une exclamation bondit dans sa poitrine.

— Ma fille! s'écria-t-il.

— Mon père?... balbutia Trois-Mai en ouvrant les yeux.

Un brouillard assez épais enveloppait le ballon depuis peu de moments. L'air était devenu vif et humide; et les nuages, qui semblaient sortir de la terre, roulaient comme un océan informe. Des tourbillons de vent s'emparèrent de la machine et la firent tourner trois fois de droite à gauche et de gauche à droite.

— Où suis-je? murmura Trois-Mai; et qui êtes-vous, vous qui m'appelez votre fille?

On n'apercevait plus ni ciel ni terre; le ballon demeurait à la même place, tourmenté et sifflant, ne pouvant plus descendre et empêché par son poids de monter encore.

— Tais-toi... répondit le duc, et ne bouge pas... Oui, tu es ma fille... mais ne fais pas un mouvement, pas un geste!...

Une inspiration lui fit chercher dans la nacelle; elle était lestée comme pour un voyage de long cours : couvertures, bonnets, fourrures, vivres, vin de Champagne. Il commença par lancer une couverture de laine à travers les airs; elle se déploya dans toute son étendue et descendit lentement. Il jeta aussi quelques livres de terre qui remplissaient le fond du char. Alors le ballon, après avoir deux fois viré de bord, s'éleva avec une rapidité nouvelle et franchit bientôt la région humide où il se trouvait.

— Mon père! mon père! répétait la jeune fille, toute remplie de stupeur.

— Tais-toi!

Le ballon montait toujours, élargissant l'horizon, bruissant comme un essor d'aigle; il montait, et le duc, agenouillé dans le char, une main sur le bord, regardait de son regard avide. L'autre main lui servait à contenir sa poitrine, qui avait en elle comme un battant de cloche.

Vint un instant où le ballon sembla avoir fourni sa course. Comme un cheval qui veut reprendre haleine, il s'arrêta droit et sans oscillation. On eût dit qu'il venait de prendre place parmi les planètes. Enthousiasmé, le duc s'écria:

— Encore! encore! je veux monter encore!

De ses deux mains, il reprit de la terre au fond du char et la lança dans le vide, où elle tomba muettement. Il en jeta tant qu'il y en eut; il jeta les fourrures, il jeta les serviettes, il jeta tout, et il monta. Il lui semblait qu'il était enlevé sous les aisselles par un géant volant. En deux minutes, il fut à plus de trois cents toises, n'apercevant plus les objets terrestres, ne distinguant que les grandes masses de la nature. Alors il se releva, et s'abandonna au spectacle que lui offrait l'immensité. A son départ de la terrasse, le soleil était couché pour les habitants de Paris; bientôt il se releva pour lui seul et vint dorer de ses rayons le globe emporté dans les nues. Le duc de Noyal-Treffléan était le seul corps éclairé de l'horizon, et il voyait tout le reste plongé dans l'ombre.

— Oh! que c'est beau! murmura-t-il.

Au milieu de son extase contemplative et du ravissement qu'il éprouvait, il fut rappelé par des douleurs extraordinaires aux tempes, aux oreilles et aux articulations. L'air devenait sec. Il se couvrit d'un bonnet de laine qui était à ses pieds, et saisit une bouteille de champagne dont il fit sauter le bouchon.

— J'ai froid! dit Trois-Mai.

Il ne l'entendit pas. Debout dans le ciel et la bouteille aux lèvres, il buvait à gorgées vastes. Lorsqu'elle fut vide, il la lança vers les étoiles qui commençaient à poindre.

— Encore! encore plus haut!

Le ballon ralentissait sa marche; le ballon n'en pouvait plus.

— Encore! cria le duc.

Il se dépouilla de son habit et le jeta; ensuite

ce fut son gilet. Le ballon ne montait pas, il était rendu. Délirant, le duc de Noyal-Treffléant se tordait les bras, interrogeant le ciel et frappant du pied la nacelle.

— Qu'est-ce que je pourrais bien encore jeter? se demandait-il.

Son regard tomba sur sa fille. Une idée infernale entra dans sa tête et la remplit pendant une minute. Ses yeux luisaient horriblement. Un moment il étendit les mains vers elle. Mais, comme s'il eût été vaincu par une force invisible, il tomba tout à coup au milieu du char, sans parole, sans mouvement, roulé aux pieds de Trois-Mai...

La nuit allait venir.

DEUXIÈME PARTIE

I

Te voilà donc mort, mon pauvre XVIIIe siècle, ou peu s'en faut. La morale exige qu'on ne te regrette pas. Tu fus bien joli avec tes roses sur les joues et tes brillantes toilettes, mais comme tu fus dépravé! On s'éblouit et l'on s'indigne à te regarder, siècle de Voltaire, de madame de Pompadour, de Turgot et de l'ébéniste Boulle.

Pas de pitié, non, le peuple n'aura pas de pitié pour toi. Déjà il a commencé à t'étreindre dans ses vastes bras nus; tu sais, ces bras de peuple veinés comme des câbles, qui ne savent que battre ou travailler. Ils vont te saisir, te couper en morceaux et te faire bouillir dans le pot-au-feu de la Révolution, comme ce vieillard de la fable dont on voulait opérer le rajeunissement.

Pauvre xviiie siècle, tu ne sais plus où te cacher maintenant. Tu viens de voir des flammes, et tu as entendu des menaces à ton côté. Tant que ce n'avaient été que des plaintes, tu n'avais pas entendu. Mais aujourd'hui, diable! cela devient plus grave. Aussi n'est-ce qu'en tremblant que tu te revêts de ton habit d'apparat et que tu te hasardes à mettre le nez hors de ta chambre. Faites avancer ma voiture, dis-tu. Ta voiture? Voici un de tes valets qui va t'apprendre que *des gens de mauvaise mine*, passant par là, l'ont brûlée et ont dansé autour.

Des gens de mauvaise mine?...

Parbleu! crois-tu donc que ce soient les particuliers gras et souriants qui fassent des révolutions? Ne faut-il pas toujours avoir mauvaise mine pour demander la bourse ou la vie? Et comment se fait-il que tu ne te sois pas attendu plus tôt à te rencontrer un jour face à face avec ces gens-là?

C'est également en vain que tu commandes ta chaise; les porteurs sont *au club*, te répond-on. Au club, oui, comme qui dirait au cercle du peuple, au jeu du peuple. Il n'y a qu'un mot de changé dans cette manière de dire. Ni voiture, ni chaise; alors, pour la première fois de ta vie, tu sortiras à pied.

Je le vois, ce pauvre XVIIIe siècle, marchant comme sur un treillis de fers rouges, regardant avec inquiétude au bout de chaque rue et aspirant des odeurs inaccoutumées; je le vois, essayant de reconquérir son insolence, et, malgré lui, passant la main sur ses yeux comme pour faire la lumière en avant. Ceux qui passent près de lui, des gueux et des humbles cependant, n'ont pas l'air de le voir; il est heurté, il ne heurte plus. Les femmes mêmes, les femmes! n'ont plus une seule œillade pour sa bonne mine ou du moins pour son bel habit. Il ne sait pas ce que cela veut dire.

Tout bas il s'interroge : « Comment cela s'est-il fait? D'où vient que j'ai perdu mon prestige en un rien de temps, de la veille au matin? Hélas! hélas! j'aurais dû me méfier de ces hommes venus d'Amérique, de M. Franklin et de son chapeau rond; de ce jeune et beau M. de La Fayette. Ils ont fanatisé la canaille de Paris! »

Adieu, mon XVIIIe siècle, la tragédie va commencer.

La tragédie t'attend au coin du faubourg. Fais bonne contenance, si tu peux, et lutte jusqu'au dernier moment. Secoue tes manchettes de dentelle, raffermis ta jambe de soie, redresse ton front blanc, et va à la mort !

Paris ressemble à l'Etna. Comme lui, il recèle un géant mal vaincu dont les moindres mouvements déchirent ses entrailles, dont l'haleine souffle le feu. L'Encelade de Paris, c'est le peuple. Quand le peuple se retourne et grogne, il se fait des craquements dans les faubourgs, les rues s'ébranlent, les vitres se brisent. Il a des sommeils qui durent quelquefois des siècles ; il a des réveils qui durent des années et pendant lesquels des pans de Paris tout entiers s'écroulent.

Ce jour-là, Encelade, en se remuant, renversa la Bastille qui lui pesait sur l'estomac.

Mais c'est une anecdote qui vaut la peine d'être racontée en plus de mots, bien que certains auteurs fameux se soient déjà chargés de cette tâche. Peut-être la raconterai-je autrement qu'eux.

A mon sens, l'œuvre des deux heures, qui a tant fait vibrer de cordes d'âmes et de cordes de lyres, n'est qu'une esquisse d'épopée, l'argument magnifique d'un chant qui n'a pas eu lieu.

Le matin du 14 juillet, il ne faisait pas beau. Le ciel était couvert de nuages, il avait fortement plu la veille. Dès le point du jour, le faubourg Saint-Antoine et le faubourg Saint-Marceau sortirent de chez eux et descendirent désordonnément vers le centre de Paris. Le mauvais temps les avait mis en mauvaise humeur. Le faubourg Saint-Antoine avait à sa tête le gros brasseur Santerre; le faubourg Saint-Marceau était conduit par le curé de Saint-Étienne-du-Mont, Gabriel Sevrée de Penvorn. Ils se joignirent à quelques habitants du Marais, et le tapage commença.

On avait passé la nuit à dépaver tous les coins de rues. Il y avait des barricades jusque sur les fenêtres, où les femmes avaient placé des meubles et des pots, en cas d'attaque de la part des troupes. Les derniers lampions qu'on avait tenus constamment allumés, pour se garer des surprises ou des traîtrises, achevaient de mourir au faîte des maisons. Non contents du tocsin qui sonnait dans chaque paroisse, des hommes passaient en agitant des clochettes.

Avez-vous vu une inondation? Avez-vous vu un torrent qui se jette de côté et qui remplit vingt sentiers dont il fait vingt rivières? Dans les heures d'insurrection le peuple roule et coule à travers les quartiers de Paris, comme de l'eau. Il gonfle les petites rues à les faire éclater, il se glisse, il se faufile, il déborde, il a ses cascades à chaque débouché. Ainsi faisait-il ce jour-là, plein d'écume et de limon, sous un ciel triste et noir, envahi par d'énormes nuages qui se succédaient au pas de course, comme dans une déroute.

La mer, le lion et le peuple ont des voix semblables. C'était un bruit immense, un roulement sourd encore; on ne faisait rien que gronder seulement, c'était un prélude; on s'accordait...

Sur la route, on devisait, on s'entretenait particulièrement des exploits de la veille. Beaucoup de ces messieurs avaient fait partie de l'expédition dirigée contre le couvent des religieux de Saint-Lazare, au faubourg Saint-Denis. Ils se racontaient comment ils étaient entrés dans les caves, pêle-mêle, au cri de liberté, et comment ils en étaient sortis, à quatre pattes, donnant du nez contre chaque marche de l'escalier, couverts de meurtrissures et de lie, jurant, se relevant, retombant, toujours au cri de liberté. C'était un joyeux dialogue, coupé de gorges-chaudes et aussi de regrets altérés.

— J'étais le premier ici! se vantait l'un.

— J'étais la première là!

— C'est moi qui ai cassé la première vitre!

— C'est moi qui ai mis le feu à la porte!

— Oui, grâce à ma pipe que je t'ai prêtée pour allumer ta torche.

— Te souviens-tu de ce buffet où il y avait tant d'assiettes? ce fut là un fier carillon!

— Et comme ce beau miroir a chanté quand je l'ai apostrophé d'un coup de gourdin, cli, cla, cla, cla!

Quelques-uns, les plus exaspérés, marchaient à la suite d'un polisson qui portait un pot de rouge dont il se servait pour marquer les hôtels qu'ils savaient devoir receler des royalistes ou des parlementaires, ou des membres du clergé, ou des gens attachés à la cour. C'était un signal muet pour la populace qui venait après eux, et qui, s'attroupant devant les portes rougies, envoyait des pierres dans les fenêtres, insultait de la voix, et allait ainsi défiant la police. Pauvre police! pauvre M. de Crosne! Que faisiez-vous en ces temps chauds!

Ce que l'on voulait, ce que voulait le peuple, ce qu'il voulait depuis plusieurs jours, c'étaient des armes.

Pourquoi faire? il n'en savait trop rien; mais la présence de quelques régiments autour de Paris l'inquiétait.

Et puis M. Necker avait été renvoyé.

Et puis, et puis enfin, le peuple, qui ressemble aux femmes grosses, par ses envies, le peuple depuis quelque temps voulait se battre, battre ou être battu. Voilà!

Il avait déjà plusieurs canons, ceux des gardes-françaises; il avait des piques, des bâtons plombés, des couteaux et de longues faux. Ce n'était pas assez.

On continua à piller les armuriers, même les forgerons, dont on prenait les marteaux, les pinces et les barres de fer. Les enfants, qui se fourrent partout, montraient leurs poches pleines de cailloux, ainsi que leurs mains. Maigres, comme de vrais enfants de Paris, déguenillés, noircis, ils gambadaient à l'avant-garde, criaient à se déchirer la bouche et se jetaient dans les jambes des hommes.

Les maisons, qui n'étaient pas encore bien éveillées, rendaient des sons confus sur le passage de ces cohortes. On entendait les portes s'ouvrir précipitamment, les meubles tomber, des pas retentir...

Et chacune de ces maisons fournissait au moins un *volontaire* qui descendait avec enthousiasme; les plus vieilles et les plus délabrées se vidaient tout entières.

Ainsi fut conquis le Marais, après avoir servi de point de jonction entre les deux faubourgs; le paisible Marais, une fois hors des gonds, devait accomplir des prodiges de bruit.

Des armes! des armes! c'était le cri des nouveaux-venus. Des armes et de la poudre!

Effectivement l'insurrection manquait des instruments nécessaires; ce fut alors qu'on songea aux Invalides et qu'on y courut.

Pendant ce temps-là les bavards du Palais-Royal ne cessaient pas de bavarder, ils motionnaient,

motionnaient, motionnaient; et, comme il arrive dans toutes les révolutions, les ambitieux, tournant le dos au peuple, montaient l'escalier de l'Hôtel-de-Ville...

On eut des armes, aux Invalides; on eut des fusils, des pistolets, des sabres, de quoi armer soixante mille hommes; on eut des tambours et des drapeaux. Les forts de la halle, chevaux humains, s'attelèrent aux pièces d'artillerie, après les avoir enlevées. L'ardeur était à son comble; et l'eau du ciel venant à pleuvoir sur la foule immense qui couvrait la grande place, il n'en fût pas tombé une goutte à terre.

Ainsi armé, il fallait que le peuple s'en prît sinon à quelqu'un, du moins à quelque chose. Il s'en prit à ce gros monument noir qui l'offusquait depuis des siècles, la Bastille, devant laquelle il n'oubliait jamais de froncer le sourcil et de grommeler de vagues imprécations. Il se mit en tête de la prendre et de la jeter bas, puis d'en broyer les débris sous ses pieds. C'était une idée comme une autre. Cependant je m'évertue à chercher le motif et la nécessité de ce grand duel contre la pierre, sous le règne le plus ennemi des détentions injustes, alors que le donjon de Vincennes venait d'être évacué, ainsi que plusieurs autres prison d'État. Ce n'était pas même une vengeance rétrospective : le peuple n'avait rien de commun avec la Bastille, qui n'était après tout que la forteresse de la noblesse et de la littérature, une maison de correction pour les pamphlétaires, et un lieu d'exil pour les libertins comme Fronsac.

En renversant cette masse débonnaire, le peuple a arraché le dernier morceau de pain de la bouche des poëtes, car c'était une ressource pour eux que cette Bastille tant calomniée. Là, du moins, ils n'étaient pas exposés à mourir de besoin. Marmontel eut le bonheur d'y être admis pour une parodie dont il n'était pas l'auteur, et il fut émerveillé du dîner qu'on lui servit dans cette maison royale. Je ne parle pas de la bibliothèque où l'on trouvait les meilleurs livres, des promenades sur la belle plateforme où l'on respirait un air si pur, et de la partie qu'on faisait le soir chez le commandant ou chez M. le major.

« La Bastille ne vient pas, et je ne sais comment payer mon terme ! » disait l'un d'eux dont le nom m'échappe. L'érudit et fécond Lenglet du Fresnoy, qui a publié plus de trois cents volumes de toute sorte, était tellement accoutumé à ce voyage, que, dès qu'il voyait arriver l'huissier Tapin : « Toinette, criait-il à sa gouvernante, vite, mon bonnet de nuit, mon paquet de linge et ma provision de tabac! »

N'ai-je donc pas raison de dire qu'en cette occasion le peuple s'est mal comporté envers ses émancipateurs, et que ce fut ingrat à lui de leur démolir cet unique et dernier refuge, plus vaste que l'hôpital et d'ailleurs plus digne d'eux. Pour une prison supprimée on lui en a rendu cinquante.

Lui-même s'est vu obligé bientôt d'en faire de nouvelles avec des couvents, avec des casernes, avec des colléges, avec toutes les maisons qui lui tombaient sous les mains, pour y mettre à son tour un peu de tout le monde, réalisant ainsi la monnaie de la Bastille lorsque la Bastille aurait alors si bien fait son affaire.

Mais, je le répète, il fallait ce jour-là que le peuple utilisât ses armes. Ne se voyant pas attaqué, ainsi qu'il s'attendait à l'être, il attaqua.

Il se retourna, d'un puissant coup de queue,

comme font les poissons, et retraversant Paris, il vint se heurter contre l'énorme citadelle.

Ce fut alors que le ciel se découvrit et que le soleil se leva.

Des lueurs éclatantes et mobiles se détachèrent sur ce pêle-mêle d'hommes maniant l'acier. Haillons, habits rouges, épaulettes blanches, poitrines demi-nues, cheveux brouillés, tricornes galonnés d'argent, tout se prit à briller, à resplendir. Les visages échauffés soudainement apparurent dans leur sincérité hideuse ou belle. Il se déterminait quelquefois parmi ces groupes des points tellement flamboyants qu'on eût cru que le soleil se mettait à les incendier.

— Où allez-vous? demandait une partie de la population à l'autre, celle qui allait à celle qui revenait.

— Prendre la Bastille.

— Tope!

Et l'on ne rencontrait aucune incrédulité, aucun effroi. Et l'on se répandait dans la longue rue Saint-Antoine, la rue de l'enthousiasme, par où ont passé toutes les révolutions populaires, une rue qui est faite au canon et qui l'aime. On se donnait le bras et on riait d'aise, en songeant au bonheur d'être libre ! Libre de vaguer, libre de ne pas travailler, libre de casser des monuments !

La croupe blanche d'un beau cheval ondulait quelquefois au-dessus de cette foule ; c'était le cheval déjà historique du marquis de La Fayette. L'élégant héros de l'indépendance américaine, le *Blondinet*, comme l'appelait la cour, ou *Gilles le Grand*, comme l'avait surnommé sa famille, était ce jour-là supérieurement poudré. Il se tenait droit en selle et agitait son chapeau en réponse aux vivats. Le flot, qui lui montait jusqu'aux genoux, l'emportait comme un demi-dieu...

Plus on se rapprochait de la Bastille, plus le tumulte grandissait ; tumulte de voix et de pas. Des nouvellistes essoufflés colportaient les *on dit* de l'Hôtel-de-Ville et de Versailles.

De pittoresque orateurs, juchés sur de complaisantes épaules, excitaient les patriotes au combat par des discours à pleine poitrine, étoupe enflammée dont le vent portait au loin les étincelles. Liberté, union, nation, tels étaient les mots dominants de ces harangues. Et quels applaudissements frénétiques! quel serments de courage! quelles promesses de victoire!

Au tournant de la rue du Roi-de-Sicile, une femme était montée sur une borne et adossée contre une boutique fermée.

Elle s'adressait à un gros de gardes-françaises, dont quelques-uns donnaient le bras à des dames de la halle, le sein paré d'énormes bouquets et montrant des visages écarlates d'orgueil.

On l'écoutait avec enthousiasme. C'était, du reste, une singulière créature, belle comme les combattantes de l'antiquité, avec un costume moins succinct toutefois; elle avait le geste inspiré auquel les comédiens n'arrivent que lorsqu'ils ne s'en doutent pas; sa parole était véhémente, quoique tourmentée et bizarre.

Elle était vêtue d'une espèce d'amazone en drap bleu, brodée d'or, et d'une jupe de soie blanche, festonnée et bordée en cordonnet noir. Un chapeau à la Henri IV, surmonté d'un panache, était incliné sur son oreille. Les bouts en nœuds d'un mouchoir de mousseline qui garnissait son cou retombaient sur sa gorge; elle avait deux pistolets à double batterie entortillés dans la ceinture et un sabre gigantesque attaché à une large ganse. Ses brodequins étaient de peau noire, ornés d'un gland d'or.

Un tel orateur était fait, on en conviendra, pour captiver le peuple; aussi le peuple aimait-il cette femme étrange qu'il rencontrait sans cesse depuis quelque temps sur son passage, qu'il heurtait à l'Assemblée, aux clubs, partout. Cette femme était brave, cette femme était jolie, elle s'habillait avec une gracieuse originalité, et elle était la première à accourir au moment du péril. Pourquoi le peuple n'aurait-il pas regardé, écouté, aimé, applaudi et suivi cette femme ?

Chacun la connaissait et savait son nom. Quand elle eut fini de parler, ce fut une clameur à remplir la rue :

— Vive la *belle patriote!* dirent les gardes-françaises.

— Vive la *jolie Liégoise!* dirent les dames de la halle.

— Vive la Théroigne ! la Théroigne a raison ! A bas la tyrannie !

C'était en effet la célébre Théroigne de Méricourt, une des plus étonnantes héroïnes de notre révolution, tête ardente, corps indomptable, jolie bête fauve que l'on voit se ruer à travers tous les grands carnages : c'était la Théroigne ou plutôt la *Thérouegne*, comme prononçait le peuple; c'est-à-dire le plus extravagant mélange de crime et de coquetterie, de rage et de naïveté, de passion et de politique, de bravoure et de délire.

Descendue de sa borne, Théroigne de Méricourt se confondit dans la masse qu'elle entraîna rapidement après elle; car Théroigne, c'était la flamme, la flamme courant sur la poudre, c'était l'exaltation personnifiée. Une incroyable force d'imagination résidait en elle, mêlée à cette puissance communicative qui empoigne et soulève les esprits comme par un manche invisible.

Quand Paris se met en train, il va bien. Tout le monde s'en mêle alors. Les femmes poussaient leurs maris hors de la maison et leur disaient :

« Marche donc, lâche, marche donc, c'est pour le roi et la patrie ! »

Car on se battait pour le roi. A propos, j'avais oublié de le dire.

On arriva sur la place de la Bastille. Jamais la vieille prison n'avait été plus noire, plus triste, plus pesante. Une cohue énorme fourmillait à ses pieds. La Bastille regardait tout ce monde avec une certaine mélancolie; on eût dit qu'elle sentait que son dernier jour était arrivé. Elle se défendait mal, car elle savait qu'elle ne pouvait être vaincue que par le hasard, point par la force. Elle n'avait pas l'air de s'apercevoir des petites balles et des petits boulets qui pleuvaient sur elle.

Il fallut que le hasard mît la main à l'œuvre, comme il fait toujours dans les affaires des Français.

On sait qu'un boulet coupa la chaîne qui retenait le pont-levis.

Parbleu! quand ce pont fut abaissé, le peuple tout entier passa sur ce pont. Il entra dans la Bastille avec des hurlements de rage victorieuse, il s'accrocha aux grilles, il enfonça les portes. La prison se laissa éventrer sans murmure. Elle était aussi noire au dedans qu'au dehors; des torches s'allumèrent et la lumière courut dans les corridors étonnés.

Le croira-t-on? il fut un instant sérieusement question de brûler le magasin à salpêtre!

Celui qui monta le premier sur les tours, fut un jeune homme pâle et mince, mais d'un assez beau visage. Ses vêtements étaient déchirés, lui-même portait des traces de différentes meurtrissures. Entre ses mains sombres de poudre il tenait un fusil tout chaud. L'enthousiasme le plus sincère était peint sur ses traits expressifs, et l'on voyait bien que son courage lui venait de l'âme.

Arrivé au sommet, il se jeta sur un soldat suisse et le désarma. Mais pendant qu'il le forçait à démonter un canon, le peuple d'en bas, le prenant pour un ennemi qui cherchait à diriger le feu, tira sur lui et le blessa.

Un groupe d'assiégeants débouchait en ce moment par l'escalier. A leur tête se trouvait Théroigne de Méricourt, le sabre nu et la gorge dépouillée à demi. A l'aspect du jeune homme qui perdait son sang, elle s'élança vers lui, et, le couvrant de son corps, elle déploya aux yeux de la multitude un drapeau qui fit monter jusqu'au faîte des tours une acclamation unanime.

— Vive la nation !

Les vainqueurs répondirent à ce cri, dont l'écho se prolongea dans les profondeurs les plus secrètes de la Bastille. Après quoi, Théroigne de Méricourt planta son drapeau, qui se déroula avec majesté sous l'admirable soleil qu'il faisait.

Ce fut alors que se passa une scène pleine de caractère et de beauté.

Le jeune homme, qui ne sentait pas sa blessure et dont les pieds semblaient brûler le sol, s'écria dans un accès de transport prophétique :

— Amis, c'est mieux qu'une Bastille que nous venons de conquérir, c'est la liberté. Les grandes choses veulent de grands prétextes. A travers les ruines du passé, frayons le chemin de l'avenir. Que chacun me regarde et fasse comme moi !

S'adressant à un homme qui l'avoisinait :

— Donne-moi ta pioche, dit-il.

Et, se dirigeant vers les créneaux, après trois ou quatre coups furieux, il parvint à détacher une pierre qu'il jeta dans les fossés en criant :

— Liberté !

Puis il passa la pioche à un autre.

— Liberté! dit celui-ci, au choc rebondissant de la seconde pierre. Liberté!

Tel fut le cri général, sonore, sublime.

Les pierres tombaient les unes après les autres, noires et lourdes ; elles s'engloutissaient dans un abîme vaseux.

— Liberté! liberté!

Tout le monde avait le délire ; il semblait qu'un Dieu lui-même eût écrasé à pleine main la pourpre de l'enthousiasme sur ces faces transfigurées ; les poitrines haletaient et bruissaient ; les jambes étaient prises d'un tressaillement nerveux...

La pioche fit le tour des assistants.

Quand ce fut au dernier, Théroigne de Méricourt s'approcha du jeune homme qui avait provoqué cette scène grandiose :

— Tu es un bon patriote, lui dit-elle ; ton nom?

— On m'appelle Émile.

— Émile.... qui ?

— Émile tout court.

— Ah! fit la Théroigne qui comprit vaguement ;

mais tu es blanc comme linge; est-ce ta blessure qui te fait mal? Viens avec moi, un verre de vin te remettra, et le gouverneur doit en avoir du bon.

Émile regardait cette femme avec un indéfinissable sentiment de curiosité; il cherchait à se rappeler le lieu où il l'avait déjà vue.

Pendant ce temps, Théroigne de Méricourt l'entraînait, et tous deux rentrèrent dans les flancs de la Bastille par un escalier circulaire et étroit.

Le désordre frisait la boucherie. Un grenadier venait de saisir et de désarmer le gouverneur, on allait bientôt tuer le major.

De toutes parts on n'entendait que des menaces d'extermination.

Maîtres une fois de ce repaire de la tyrannie, maîtres du haut en bas, les assaillants, hommes et femmes, animés par leur extraordinaire et facile victoire, se confondirent dans un seul cri :

— Aux prisonniers, aux prisonniers! Délivrons les prisonniers!

On ne chercha pas à s'enquérir du plus ou moins d'innocence de ces prisonniers; celui qui eût essayé de prouver que ce n'étaient que des gredins, ou des criminels parfaitement dignes de leur sort, eût été sans doute le mal venu. On voulait être généreux, magnanime, on le fut de reste.

La crédulité avait forgé cent contes plus absurdes les uns que les autres à propos des prétendues victimes du despotisme qui étaient censées languir sur la paille infecte des cachots. Des milliers d'infortunés gémissaient, disait-on, derrière les verrous, des vieillards, des enfants même.

Au milieu d'un désordre enivrant, il ne manqua pas de voix pour répandre ces fables et pour les propager...

— Brisons, brisons leurs chaînes! criait la foule.

Vraie foule d'opéra, qui agissait comme un opéra, qui était vêtue comme un opéra, avec les casques, les rondaches, les cottes de maille, les cuissarts, les armets, les écus arrachés et pillés au Garde-Meuble; qui brandissait des pertuisanes, des haches et même des broches! Une foule à la fois sublime et grotesque, ivre d'un triomphe qu'elle ne s'expliquait pas, mais fière d'avoir vaincu par la seule force de sa volonté.

— Aux prisonniers! Aux prisonniers!

On court aux geôliers, on empoigne les guichetiers à la gorge, on rattrape ceux qui essayaient de se sauver, on fouille, on monte, on descend, on se fait guider par eux.

— Les clefs! les clefs! demande-t-on.

C'est un élan d'humanité et d'attendrissement inexprimable. Les portes trop lentes à s'ouvrir, on les brise. On visite tout, on examine tout. La multitude empressée circule, va, vient, se répand, ondule et se tord dans les dédales du monument comme un serpent gigantesque empêtré dans une forêt, qui passe sa tête entre les lianes, qui glisse le long des branches, qui rampe sur le sol et disparaît pour remonter en spirale agile autour du tronc d'un arbre élevé.

Mais où sont donc les prisonniers? Qu'en a-t-on fait? D'où vient que l'on n'entend ni le bruit des fers, ni le bruit des plaintes, ni le bruit des sanglots? Partout des chambres vides et des souterrains déserts. On ne peut ainsi soustraire aux regards des *milliers de victimes*, le peuple n'a démoli la prison que pour délivrer les prisonniers ; il lui faut les prisonniers, il les veut, il les exige.

Tout compte fait, après de longues recherches et la vérification des registres, on n'en trouva que DIX-SEPT, parmi lesquels deux seulement étaient traités avec moins d'égards que les autres.

Désabusé sur le nombre des prisonniers de la Bastille, le peuple, qui voulait toutefois avoir le dernier mot, se mit à choisir le plus intéressant des dix-sept pour en faire l'objet d'une solennelle ovation.

Après avoir hésité un certain temps, on se décida pour un homme encore vert et d'une belle figure, mais qui n'avait pas coupé sa barbe depuis plusieurs mois.

— Voyez-vous ce vieillard? disait-on de tous côtés ; comme il a l'air abattu par les souffrances et le désespoir !

— C'est le poids de ses fers qui a brisé son pauvre corps.

— Ses yeux se sont taris à force de répandre des larmes.

— Bon vieillard, dis-nous tes maux, et nous saurons y compatir.

Mais lui, le vieillard, se voyant en butte à l'attention, se troublait et paraissait pris d'inquiétude.

— Il tremble! c'est sans doute au souvenir de ses tortures.

— Rassure-toi, victime intéressante de la barbarie, nous sommes tes libérateurs et non tes bourreaux.

— Pourquoi t'enferma-t-on?

— Quel est ton nom?

— Quelle est ta famille?

Puis on l'entourait, on s'empressait pour le voir; chacun admirait son air noble et respectable.

A toutes ces questions le vieillard ne répondait rien; on eût dit qu'il était en proie à de vagues craintes; ses regards erraient de tous côtés comme pour chercher une issue; ses jambes chancelaient.

— Appuyez-vous sur moi, lui dit un homme vivement ému.

— Et sur moi, dit un garde-française en se plaçant de l'autre côté du vieillard.

— Ne craignez pas de nous fatiguer; pesez, pesez encore.

— Pauvre homme! il n'a plus même la force de prononcer une parole.

— Les brigands l'ont privé de sa raison.

— Il faut le porter en triomphe et le promener dans tout Paris.

— Oui! oui! portons-le en triomphe!

Ce fut alors qu'on vit le vieillard se débattre d'une manière encore assez vigoureuse pour son âge. On ne comprenait rien à son effroi.

— Laissez-moi! murmurait-il d'une voix étouffée; laissez-moi... je ne veux pas...

On fut obligé de l'empoigner par les jambes, à cause de sa résistance, et de l'asseoir sur le fauteuil du gouverneur, qui fut élevé aux bravos de la foule.

Tout le monde se précipita hors de la Bastille et s'organisa en cortége.

On prit par les boulevards, solennellement, au milieu d'une longue rangée de spectateurs qui agitaient leurs chapeaux en l'air. Les femmes surtout, les femmes s'empressaient au-devant du prisonnier; elles touchaient ses vêtements, elles baisaient ses mains. Une d'elles lui posa une couronne de lauriers sur la tête.

— Non... non... balbutia-t-il en s'efforçant de l'arracher.

Le peuple n'y comprenait rien, mais le peuple l'entraînait toujours.

— Regardez ce bon vieux, disaient les pères à leurs enfants; c'est un juste, c'est une victime; le ciel lui gardait cette récompense.

— Vive le prisonnier de la Bastille!

Et la foule grossissait derrière le cortége; c'était un spectacle touchant et glorieux, capable d'émouvoir les moins patriotes.

A la hauteur du boulevard du Temple, on fit rencontre d'un des héros de la journée, Ede, officier au régiment de la reine, qui était à cheval. Il s'arrêta en face du personnage que l'on portait en triomphe, et laissa échapper un geste d'étonnement. Puis, se penchant vers un des hommes de l'escorte, il lui dit un nom à l'oreille, le nom du vieillard.

Un cri d'horreur et de dégoût s'éleva aussitôt.

Le fauteuil fut lâché par ceux qui le soutenaient, et le vieillard alla rouler dans le ruisseau, au coin de la rue du Pont-aux-Choux.

C'était le comte de Sade.

.... Pour décrire toutes les folies et tous les hauts faits de ce jour, il faudrait un espace que je n'ai pas à ma disposition. Je me contente d'un simple crayon, et d'un trait fort, choisi çà et là.

La prise de la Bastille a exercé la verve de tous les poëtes, même des poëtes étrangers, tels qu'Alfieri. Il est vrai que, d'un autre côté, les railleurs de l'Assemblée nationale donnèrent à ce grand acte le nom de prise de possession; mais rien ne put ébranler la foi solide du peuple français. Sa religion était faite à l'avance.

Je l'ai laissé, ce peuple, environnant le gouverneur de la Bastille et l'accablant d'outrages. Quelques citoyens tentèrent de l'arracher à un trépas inévitable en proposant de le conduire à l'Hôtel-de-ville, pour qu'il eût à y rendre compte de sa conduite. Il était en habit gris, et tête nue. On l'entraîna vers la rue Saint-Antoine, en le poussant à coups de fusil et de sabre. Là un homme essaya de lui prêter son chapeau afin que, couvert, il attirât moins les regards irrités. Mais on renversa le chapeau.

A l'entrée de la place de Grève, un jeune garçon leva sa canne et en déchargea un coup sur le crâne chauve du gouverneur. Il chancela. Des larmes de douleur parurent dans ses yeux; elles ne firent qu'exciter la rage et l'ironie de la populace. Une grêle de coups tombe sur lui. Accablé, sanglant, il est conduit vis-à-vis les premières maisons à piliers du côté du port, où ses conducteurs lui passent alors une corde autour du cou et l'étranglent en le battant.

Il expire, et palpitant encore, on lui scie la tête.

Au même instant, un coup de pistolet se fait entendre sur les marches extérieures de l'Hôtel-de-ville. Un homme gros et fort vient de brûler la cervelle au prévôt des marchands, soupçonné de connivence avec de Launay. La tête du prévôt est également coupée.

Cela faisait déjà deux têtes.

Pourtant ce n'était pas assez.

Alléchés par le sang odorant et chaud de leurs premières victimes, les hommes de la Grève s'interrogent et cherchent autour d'eux.

Voici que débouchent au coin de la rue de la Vannerie quelque invalides, escortés, tiraillés par un groupe qui les accuse d'avoir braqué le canon. En vain cherchent-ils à se faire entendre. Les féroces courent à eux et les saisissent : un vieillard est pendu à l'un des réverbères du quai ; un jeune homme subit le même sort. Les autres s'échappent ou sont lâchés, malgré les instances de cinq ou six femmes qui crient :

— Pendez ! pendez !

On venait d'inaugurer la trop fameuse lanterne, et, à dater de ce jour, le dictionnaire du crime compta un mot de plus.

Lorsque les cadavres des deux pendus furent jugés suffisamment refroidis, leurs têtes leur furent également retranchées.

Tout compte fait, le peuple, ce peuple-là, se vit avec quatre têtes dans les mains.

Il se demandait ce qu'il allait en faire, quand tout à coup quelqu'un imagina la promenade dans Paris. Pour lors, les quatre têtes furent exhaussées au bout de quatre taille-cimes, et l'on se dirigea vers le Palais-Royal.

Ce qui resta de monde sur la place de Grève s'empressa autour des cadavres ; quelques polissons les dépouillèrent. D'autres leur perçaient les pieds, y passaient une corde et les traînaient. Puis comme toute cruauté finit par ennuyer à l'égal de tout divertissement, la place se vida peu à peu, et il ne resta plus que deux ou trois indifférents auprès du corps de Launay, étendu contre une borne.

La foule entière se portait sur les pas du cortége cruel et triomphal.

A la hauteur du pont Notre-Dame un étrange incident se produisit.

La tête de Flesselles le prévôt, défigurée par le coup de pistolet, fut unanimement trouvée trop laide; elle fit horreur aux barbares eux-mêmes qui la précipitèrent dans les flots de la Seine, — stupéfiante délicatesse qui n'a pas d'égale dans tout le charnier dramatique de Shakspeare!

Ainsi allégés d'une tête, ils poursuivirent leur route. Tout se fermait sur leur passage, les portes et les boutiques; les rideaux des fenêtres s'écartaient seuls pour montrer d'effarés visages collés aux vitres. Ils médusèrent de la sorte la population du port.

Au Palais-Royal, les marchands, prévenus à temps, s'étaient claquemurés avec soin.

C'était un tableau sinistre.

Les groupes du jardin ne parlaient que de tuer, de pendre, de décapiter. A partir de ce jour, en effet, le Palais-Royal allait recevoir une nouvelle physionomie et atteindre à l'apogée de son importance. Il allait devenir plus que jamais le foyer des turpitudes et des crimes de tout genre. A l'élégance la plus raffinée, il devait unir la débauche la plus infâme et la plus basse; à la fois cloaque et palais, caverne et jardin, il allait enfin recevoir le nom de Maison-Égalité.

Les têtes y entrent déjà quatre par quatre; les têtes en sortiront tout à l'heure douze par douze.

O bon peuple de Paris! qu'as-tu fait là, et quelle idée biscornue t'avait passé dans la tête? O bonnes gens de tous âges et de toute figure, excellents bourgeois, fougueux jeunes hommes, marchands exaltés, quel diable vous avait donc en sa possession par cette belle journée de juillet? Il faisait pourtant un si grand soleil et l'air était rempli d'un si joyeux embrasement!

Puisque votre sang était agité d'un tel désir de liberté violente, puisque les pavés de la rue vous brûlaient les semelles, puisque ce jour-là enfin il y avait en vous tant d'expansion et de vie, pourquoi ne pas aller préférablement vous promener dans les bois de Boulogne et de Sèvres, ou sur les coteaux environnants? Là, du moins, vous auriez eu l'espace, la chaleur immense et le doux bruit saisissant de toutes les choses de la campagne, arbres qui remuent, fleurs qui s'ouvrent, insectes qui marchent; et vous auriez passé à l'aise votre fièvre de poésie.

Ah! mon Dieu! avoir gâté à plaisir une si belle journée de Juillet!

II

Émile avait suivi la Théroigne.

Ces deux natures contrastaient hautement : l'une fine et nerveuse, l'autre superbe et forte, belles toutes les deux.

La Théroigne eut beaucoup de peine à sortir de la Bastille, quoique le gros de la besogne fût fait ; il lui fallut se dérober à l'empressement des vainqueurs qui voulaient la porter en triomphe, elle aussi.

Pourtant elle parvint à gagner les rues de traverse avec son jeune compagnon.

Alors elle s'arrêta pour essuyer la sueur qui couvrait sa figure et coulait dans ses cheveux noirs.

Émile n'en pouvait plus, il s'était assis sur le seuil d'une porte...

Théroigne de Méricourt, qui, jusqu'à présent, l'avait mal vu à travers les nuages de la poudre et de la victoire, le regarda avec une certaine expression d'intérêt. La femme eut son tour après l'héroïne.

— Il est bien, murmura-t-elle en souriant ; brave et beau, voilà comme tous les hommes devraient être.

De temps en temps on entendait le bruit que faisaient les patriotes en rentrant chez eux.

C'étaient des citadins enthousiastes qui frappaient le pavé avec les crosses de leurs fusils, des gardes-françaises qui avaient profité de l'occasion pour s'enivrer avec le vin des bourgeois; enfin des hommes du peuple chantant, dansant, et qui s'enivraient de l'ivresse des gardes-françaises.

Théroigne de Méricourt adressa la parole au jeune homme.

— Vas-tu mieux? lui demanda-t-elle.

— Oui, répondit Émile ; ma blessure n'est rien, c'est une balle qui n'a fait qu'effleurer mon épaule.

Et il se leva.

— Prends mon bras, lui dit-elle, tu es trop faible encore pour marcher seul.

— Merci, je me sens fort.

— Où vas-tu aller, maintenant?

— Je ne sais.

Théroigne le regarda avec étonnement.

— Tu n'as donc pas de gîte?

— Non.

— Pas d'amis, peut-être?

— Pas d'amis.

— Au moins... tu as de l'argent? ajouta-t-elle après avoir hésité.

Émile fit un mouvement de tête négatif.

— Alors, viens chez moi, dit la Théroigne; il te faut du repos, du calme, et ce n'est pas dans la rue que tu trouveras cela.

La Théroigne n'avait jamais parlé avec tant de douceur; ses traits s'étaient recouverts graduellement d'une teinte infinie de bonté, et elle paraissait s'oublier dans la contemplation de ce jeune homme.

— C'est singulier! pensait-elle; devant ce visage

de vingt ans, mon cœur bat comme au temps où je n'étais qu'une paysanne.

Hélas ! il y avait bien longtemps en effet qu'elle n'avait eu son heure de rêverie, cette femme de plaisir et de guerre !

Émile n'osa pas se refuser à son invitation ; il se sentait attiré vers elle par un bizarre intérêt et par une force de hasard qu'on n'explique point.

Ils arrivèrent à la rue de Tournon, où elle demeurait, dans le quartier du Luxembourg.

L'histoire ne s'est pas grandement occupée de la vie changeante de Théroigne de Méricourt; elle s'est contentée d'indiquer sa présence, en deux ou trois mots, aux fêtes décadaires et dans les massacres. Les journaux ont eu quelques quolibets pour ses amours républicaines, et tout s'est à peu près borné là.

On aurait tort d'en être étonné : les personnages les plus connus dans les rues de Paris ont toujours été les plus inconnus dans l'histoire. Or, nulle plus que Théroigne n'a joui de cette remuante célébrité ; elle fait pour ainsi dire partie de la mise en scène de la République, et on est sûr de la retrouver dans un coin de tous les principaux événements.

Quant à sa vie intime, je dirai ce que j'en ai recueilli dans les pamphlets et dans les journaux.

Un jour, une belle fille arriva dans Paris et vint se loger aux environs du Palais-Royal, l'éternelle et grande sentine. Elle apportait avec elle beaucoup de diamants, une argenterie considérable et de l'or en quantité. On l'appelait madame la comtesse de Campinados. Elle avait pris par Londres pour venir à Paris, et la rumeur publique lui avait donné le prince de Galles pour amant.

La comtesse de Campinados n'était pas, on le voit, de ces rachitiques aventurières qui n'ont que la beauté sur les os, et dont l'insolence a faim et froid sous leur fourreau de satin hasardeux. Elle occupait tout un premier étage d'un hôtel, tout un rez-de-chaussée et tout un jardin. Le temps était bon alors pour les courtisanes; et, quoique l'on affectionnât plus particulièrement celles qui étaient laides et maigres (en France la mode amoureuse a de ces fantaisies), la comtesse de Campinados absorba du premier coup l'attention publique. Elle devint la beauté du jour, selon l'expression en usage, et ce jour dura toute sa vie, c'est-à-dire toute la Révolution.

Il restait encore quelques grands seigneurs lors de son arrivée. Elle les ruina.

Après les grands seigneurs, ce furent les financiers.

Puis lorsqu'il ne resta plus ni financiers ni grands seigneurs, elle se tourna vers le peuple, et elle devint la maîtresse du peuple après avoir presque été la maîtresse d'un roi.

De ce jour, madame la comtesse de Campinados ne s'appela plus que Théroigne de Méricourt.

Sous la robe de soie aux bouquets de pierreries, comme sous l'amazone aux couleurs émeutières, c'était une femme sans gène, qui aimait le mouvement dans la vie et la passion dans le mouvement. Passion de l'or, passion de l'amour, passion politique quelconque, n'importe laquelle. Elle alla ainsi jusqu'au sang, elle alla jusqu'à la folie.

Dans la folie, elle ne s'arrêta même pas, vous le verrez plus tard.

Elle était belle, ah! oui, bien belle, je l'ai dit. Ainsi devaient être les filles de Sparte qui allaient voir les lutteurs sur la place publique et qui marchaient la jambe nue, le front haut. Chez elle, les extrémités surtout étaient magnifiques ; on s'extasiait devant la perfection de ses pieds et de ses mains. Ces pieds passèrent pourtant par bien des fanges, ces mains se cramponnèrent au cou de bien des victimes !

Un membre du club des Cordeliers la compara une fois à la reine de Saba, cette folle et riche figure que l'on voit, non sans un peu de scandale, passer en robe à queue dans les livres saints.

Théroigne de Méricourt fut en effet la reine de Saba de la Révolution ; elle en eut les côtés brillants et extraordinaires.

Elle avait établi dans la rue de Tournon une espèce de cercle, demi-politique et demi-galant, fréquenté indistinctement par tous ceux qui avaient soit un nom, soit un titre ou même seulement une agréable figure.

Les littérateurs, gens toujours un peu curieux, n'y manquaient pas.

Quant aux femmes, c'était la portion rare de l'assemblée.

— Je n'aime pas les *femmes franceisses*, disait-elle dans son jargon.

Les *femmes franceisses* lui rendirent un jour cruellement ses dédains.

Lorsque Théroigne de Méricourt, suivie d'Émile, sonna à la porte de son appartement, elle fut reçue par une femme de chambre, accourue tout effarée, et qui s'écria en la voyant :

— Ah! mon Dieu, madame, n'êtes-vous pas blessée?

— Tu vois, Lise, pas une égratignure; les boulets français ont leur galanterie, eux aussi.

— Quel bonheur! nous craignions tant pour vous.

— Y a-t-il quelqu'un au salon?

— Trois personnes seulement.

— Lesquelles ?

— M. le duc d'Aiguillon, M. Camille Desmoulins, M. Maillard.

Pendant ces mots, la Théroigne avait déposé ses pistolets sur un guéridon, et elle dénouait la ceinture qui retenait son grand sabre.

Elle fredonnait en même temps, sur l'air *Charmante Boulangère,* un de ces couplets qui couraient sur Marie-Antoinette :

> Quelle est cette coquine
> Qui marche à petit bruit?
> Silence! on la devine
> Dans l'ombre de la nuit...

Ensuite elle quitta son chapeau à plumet, et ses beaux cheveux tombèrent sur ses épaules qu'ils couvrirent.

Tout en remettant un peu d'ordre dans sa toilette, avec l'aide de sa femme de chambre, elle disait à Émile :

— Puisque tu te bats si bien, tu seras aise sans doute de te trouver avec des patriotes ; il n'en manquera pas chez moi ce soir, tu verras !

Après quelques minutes, Théroigne ne se ressemblait plus. Un air riant avait passé dans sa physionomie et en faisait vraiment une personne séduisante. Elle était coiffée d'un bonnet de gaze couleur de feu, surmonté d'un pompon vert; et ses bottines avaient été remplacées par de coquettes pantoufles en maroquin rouge.

A son entrée dans le salon, Desmoulins et Maillard, qui discouraient auprès de la cheminée, se levèrent et vinrent à elle.

Il n'y eut que le duc d'Aiguillon qui ne bougea point.

— J'ai su de vos exploits, belle Théroigne, dit Camille en lui prenant la main.

— Et moi, j'en ai vu, dit Maillard.

Théroigne eut un sourire de préférence pour ce dernier, qui était un jeune homme aux traits expressifs et agréables, à la taille cambrée et bien prise, à la voix entraînante.

Ensuite elle leur présenta Émile, et les trois jeunes hommes se saluèrent gravement.

On conçoit que la conversation ne fut pas lente à s'engager; la journée avait été assez chaude et assez bien remplie pour que chacun eût à en raconter quelque épisode. Comme le vin, la poudre délie les langues, et c'est particulièrement au jour des révolutions qu'il faut entendre causer les Français. Alors toutes les individualités se renforcent, toutes les ardeurs et tous les intérêts sont sur le qui-vive; la lèvre impatiente ne bronche plus devant les audaces du langage.

D'autres individus arrivèrent chez la *belle Liégeoise;* et au bout d'une heure, son salon fut plein d'une société étrange, passionnée, bruyante.

C'était la nouvelle société qui se constituait.

Une société de bouchers, de poëtes, de courtisanes, de comédiens de tréteaux, de grands seigneurs hébétés et d'assassins par système, par ambition ou par goût.

En tant que politique, il y avait là des gens de toutes les couleurs. J'en montrerai quelques-uns.

Il y avait des créatures du duc d'Orléans, tels que Chauderlos de Laclos; des dissipateurs et des intrigants, tels que Fabre d'Églantine.

Il y avait même deux ou trois patriotes sincères, comme il y en a partout fort heureusement.

Le dé de la conversation était tenu par Théroigne de Méricourt, aussi intrépide discoureuse que vaillante amazone. On l'écoutait avec charme, non sans sourire quelquefois des entorses qu'elle donnait à la grammaire.

Tout à coup un grand vacarme ébranla l'antichambre.

Un homme entra comme une bombe, en poussant à les fracasser les deux battants du salon.

Ce n'était pas un portefaix, c'était M. de Mirabeau.

Tout le monde connaît cette face couturée, que la débauche s'était plu à pétrir et que la politique parvint à illuminer. Tout le monde a présent à la mémoire ce courtaud prodigieux, que la postérité aura peine à regarder comme un des plus fameux don Juan du xviii° siècle. Il était à l'apogée de sa réputation, il le savait, il en profitait. En embrassant la politique à corps perdu, il n'avait renoncé à aucune de ses passions, il n'avait dit adieu à aucun de ses vices. Il menait de front la France et l'orgie, et dans sa double nature il ressemblait à ces étranges satyres d'autrefois, moitié dieux et moitié bêtes.

Il ne salua personne, tout le monde le salua.

Cependant il savait être galant à ses heures, mais ce jour-là probablement le temps lui manquait.

En un instant, Mirabeau fut entouré de la majeure partie des assistants.

Il riait, triomphait, se tournait, montrait à tous son mufle de lion flatté.

Théroigne de Méricourt, dont il avait, dit-on, été autrefois l'amant, fut au nombre des rares personnes qui ne parurent pas s'être aperçues de sa présence.

Elle causait avec un homme de médiocre taille, soucieux, la figure pâle et les yeux brillants.

C'était Chénier le Tragique, un de ses professeurs, celui qui lui meublait la cervelle de citations héroïques et de vers cornéliens, qu'elle transportait ensuite, claudicants et mutilés, dans ses harangues au peuple.

Mirabeau se piqua de cette indifférence; au moment de faire un pas vers elle, il hésita et alla donner dans un groupe de deux ou trois alarmés, présidé par mademoiselle Duthé, une actrice aussi belle que sotte, plus connue d'ailleurs à Gnide qu'à l'Opéra.

L'impure tremblait pour ses diamants.

— Où allons-nous? disait-elle, consternée.

— Eh mais! nous n'allons pas, répondit le duc d'Aiguillon.

Mais Mirabeau :

— Tu croiscela, toi ! Parce que tu dors sans cesse, tu penses qu'il n'y a personne d'éveillé, grand politique d'alcôve !

— Pourtant voilà le peuple devenu maître. Que fera-t-il ?

— Ce qu'on lui fera faire, comme toujours. Le peuple ! le peuple ! Je ne vois là que six lettres dont nos orateurs s'empâtent continuellement la bouche. Le peuple est fait pour les hommes de mérite, qui sont le cerveau du genre humain. Moïse a été le cerveau juif ; Mahomet, le cerveau arabe ; Louis XIV, si petit qu'il fût, a été le cerveau français pendant quarante ans. Le peuple est la dernière chose dont je m'inquiète. Ce n'est pas lui qui a pris la Bastille, c'est moi.

— Toi ! s'écria le duc d'Aiguillon en éclatant de rire ; et où étais-tu, maître poltron ?

— J'étais partout !

A ce mot d'une éloquence bouffie, et tel qu'il en sortait souvent de sa bouche, plusieurs sourires esquissés par l'incrédulité circulèrent au milieu des auditeurs. Néanmoins, M. le comte ne s'aperçut ou ne parut s'apercevoir de rien, et il continua sur le même ton, tant qu'on voulut bien l'écouter. Mais quelque intérêt qu'on puisse y prendre, je n'aurai pas plus longtemps l'audace énorme de le faire causer, et surtout de le faire causer politique. Il y a tels bouillonnements qu'il est impossible d'insuffler dans les veines du style. Je me contenterai de dire que Mirabeau fut ce soir-là ce qu'il était toujours, c'est-à-dire éloquent jusqu'à l'impertinence, et qu'il ne s'arrêta que lorsqu'il eut rencontré le génie.

— Bon! le voilà parti dans son *mirabeaudage!* s'écria Camille Desmoulins.

Camille Desmoulins était laid dans toute l'étendue de ce mot; sa figure noire et luisante avait une expression ignoble; mais l'intelligence venait souvent passer l'éponge sur ces imperfections physiques, et il y avait telles circonstances où l'on n'apercevait plus de lui que ses yeux brillants d'exaltation.

Dirai-je les étonnements d'Émile et le chaos qui se faisait dans sa tête en présence de ces organisateurs à main armée remplaçant les destructeurs à main gantée? L'enfant trouvé, l'éphèbe du souper de Grimod de la Reynière, le secrétaire de la marquise de Perverie, dirigeait autour de lui un œil plein d'effarement.

Cette fois il n'avait plus affaire à une noblesse orgueilleuse et dédaigneuse; il se trouvait avec les siens, et les siens lui faisaient peur.

Il regardait ses mains, brûlantes encore du salpêtre de la Bastille, en se disant :

— Qu'est-ce que j'ai fait?...

Personne ne s'inquiétait de lui, du reste. Sur le siége solitaire où il était assis, il pouvait réfléchir à son aise. Inaperçu et triste, Émile figurait l'attitude du peuple au milieu de ses représentants. C'était le même désappointement de son côté, c'était le même oubli de leur part. Son enthousiasme tombait d'heure en heure; un grand effroi y avait succédé en entendant ces hommes et même ces femmes qui parlaient si hautement de faire marcher la France devant eux, de la même manière que des gendarmes font marcher un coupable, les poignets liés derrière le dos..

Il aurait voulu s'enfuir; mais quelque chose d'inconnu le retenait à sa place.

Il resta donc jusqu'à la fin.

Quand on eut causé de tout, du roi, de M. Necker, du peuple que Mirabeau désignait sous le nom des *meurt-de-faim;* quand on se vit à bout de tout sujet de conversation, alors on ouvrit les fenêtres et l'on se tut.

Cette nuit de juillet était délicieuse; les arbres du jardin du Luxembourg se laissaient apercevoir dans l'entière clarté de la lune. A l'aspect de ce doux tableau, et malgré les fortes préoccupations du moment, peut-être même à cause de cela, il se fit dans tous les esprits une sensation enchanteresse, suivie pour chacun d'un rêve muet de quelques minutes.

Camille Desmoulins pensa à sa jeune femme; le duc d'Aiguillon revit un instant son château des environs d'Agen, les belles eaux vives de son parc et les meules élevées dans ses prairies. Le sombre Marie-Joseph sentit germer en lui des rimes bucoliques.

Quelqu'un rompit ce court silence :

— A quoi penses-tu donc, Théroigne? dit la Duthé qui ne pensait à rien.

— Belle question! à son amant, répondit le colossal Saint-Hurugues.

Théroigne de Méricourt, dont ces paroles vinrent troubler la rêverie, releva la tête machinalement.

— Un amant? je n'en ai plus, dit-elle.

— A d'autres! s'écria Fabre d'Églantine en riant; la Théroigne, plus d'amant? c'est comme si tu nous affirmais que les roses n'ont plus de feuilles, les oiseaux plus de chansons!

— C'est pourtant la vérité, dit-elle, grave.

— Triste vérité, dans ce cas; maussade démenti donné à ta beauté païenne!

Celui qui avait dit cela était le jeune André de Chénier, figure ouverte et douce, cheveux presque blonds.

— Nul ne te croira, Théroigne.

— Que m'importe!

— Pas plus que les monarchies, le cœur d'une jolie femme ne devrait subir d'interrègne, ajouta Chauderlos.

— Est-ce ton cœur qui se venge de ta tête, ou ta tête qui se venge de ton cœur? demanda Méhé de Latouche.

— Bah! s'écria Camille, demain tu aimeras de plus belle! Serments de ne plus aimer, serments de ne plus boire, autant en emportent une rasade et un baiser!

— Quel sera l'homme que tu aimeras, Théroigne?

— Te faut-il les épaulettes brillantes du colonel de Lambesc, prince de la maison de Lorraine, ou les haillons du nègre du Palais Royal?

— On dit que Sieyès a laissé un pan de sa soutane dans ton boudoir.

— Et Maury une de ses burettes.

Théroigne de Méricourt, accoudée sur le marbre de sa cheminée, ne semblait prêter aucune attention à toutes ces railleries.

— L'homme que j'aimerai? murmura-t-elle.

— Eh bien? demanda Laclos.

— Eh bien? demanda Voidel.

— Ce sera toi, Laclos, si tu veux; ce sera toi, Voidel, si tu l'oses : ce sera celui de vous qui n'aura pas peur de mon amour et qui croira ne pas devoir l'acheter trop cher.

Quelques-uns, le duc d'Aiguillon entre autres, se mirent à rire.

— Le prix? demanda Laclos.

— Un crime, répondit Théroigne.

Il se fit un silence significatif.

On n'osa pas douter, on n'osa pas rire, on connaissait la Liégeoise.

— Eh bien? dit-elle à son tour.

— C'est trop cher, répondit Desmoulins.

— Et toi, André de Chénier?

— Demande à mon frère, il fait des tragédies.

— C'est vrai, dit Marie-Joseph, mais je n'en joue pas.

— Et toi, Saint-Hurugues? et toi, Méhé? continua-t-elle.

Sa voix, promenée par son regard, alla frapper ainsi successivement chacun des auditeurs.

Beaucoup ne répondirent pas.

Mais quand ce fut au tour de Fabre d'Églantine, il eut un sourire, et il dit :

— Explique-toi mieux, Théroigne; l'homme que tu aimeras?...

— Sera celui qui tuera l'homme que j'ai aimé, répondit-elle.

Stupeur.

13.

— On peut s'entendre, dit Maillard.

— Certainement, ajouta d'Églantine.

Le regard de Théroigne interrogea Émile.

Émile demeura muet, épouvanté.

Elle prit son silence pour un acquiescement, et elle murmura :

— Trois !

Le reste de l'assemblée comprit qu'il allait se passer quelque chose de sombre. Tout le monde se leva sans mot dire, et chacun vint silencieusement saluer la courtisane. Cinq minutes après, le salon était vide.

Il ne restait plus que Théroigne de Méricourt, Fabre d'Églantine, Maillard et Émile.

II

Les bougies devenaient plus petites, et la flamme blanche qu'elles dardaient paraissait plus alanguie dans ce salon maintenant désert. Les chaises, les fauteuils étaient en désordre ; les sofas avaient gardé l'empreinte de ceux qui s'y étaient reposés. Quelque chose de pénible, de contraint, d'inquiet pesait sur cet ensemble fatigué et fané. On eût cru voir passer des frissons dans les meubles.

Plus pâles que de coutume, les trois jeunes gens attendaient ce que Théroigne avait à leur dire.

Un profond silence régnait entre eux.

Théroigne de Méricourt marchait à grands pas

dans l'appartement. Il était visible qu'elle se trouvait sous le joug d'une émotion puissante.

Enfin elle s'arrêta.

La demie de onze heures sonnait à Saint-Sulpice.

— Soyez tranquilles, je n'en dirai pas plus long qu'il n'est besoin... Ce que j'ai à vous raconter est simple comme bon jour, bonne nuit, c'est la vie de mon cœur... Ah çà ! n'allez pas vous endormir, au moins, nom d'un mousquet !... C'est que vous êtes si jeunes tous les trois !

— Allons, va donc ! lui dit Maillard.

— C'est bien. M'y voici. Vous savez qu'on m'appelle la Liégeoise, ce surnom vous dit mon origine. De fait, j'aime mieux cela que d'être Française, car vos mijaurées n'ont aucune consistance, pas plus de bras que de cervelle ; çà n'est bon qu'à faire des lingères ou des marquises. Moi, tous ceux de ma famille étaient des laboureurs et le sont encore au village de Marcourt. Les Théroigne ! prononcez leur nom dans le pays et vous verrez tous les fronts se découvrir, même les plus blancs ! — Anne et Joseph furent mes deux patrons; humbles qui auraient dû m'enseigner l'humilité, doux et modestes de cœur, qui rougissent sans doute de moi dans le ciel où ils ont leur belle place fleurie. Anne et Joseph, oubliez-moi. Ah! que j'étais belle quand j'étais jeune!

S'adressant à Émile :

— Tiens, tu me vois à présent... je ne suis pas encore trop mal comme ça, n'est-ce pas? Touche mes cheveux; il y aurait de quoi cacher dessous, en les dénouant, toute la famille royale, si je le voulais bien. C'est noir et ce n'est pas rude du tout. Vois mes mains, et qu'on aille en demander d'aussi blanches aux statues des Tuileries! Eh bien! je ne veux pas me vanter, mais ce n'est rien en comparaison de ce que j'étais à dix-sept ans, rien, rien. Les gens du pays ne savaient pas où j'avais été dénicher mes yeux, et je faisais honte à mon père, tant j'étais belle. J'étais sainte aussi, je faisais mes prières matin et soir, et j'aimais les églises. A présent je ne peux plus entendre parler de Dieu ni du diable, je voudrais exterminer tous les prêtres, comme je voudrais tuer tous mes souvenirs. O mes souvenirs! ce sont des ongles vivants qui éraillent continuellement mon cœur. Il y a des heures où une cloche qui sonne me met en délire, où un arbre en fleurs m'exaspère. Pendant une minute, une seconde, je me sens transportée aux endroits de jadis; le ciel ne me fait grâce d'aucun détail, je renais douloureusement complète et je rentre par force dans mon passé, qui ne me rend au présent que meurtrie et broyée d'âme! — Vrai, il n'y a que les révolutions pour vous faire perdre quelque peu la mémoire.

La Théroigne donna un coup de poing sur le manteau de la cheminée, et se tut un instant. Ses yeux erraient le long des murs sans rien y voir, sans rien y chercher.

Après ce silence :

— Je vous ennuie, dit-elle. Au fait, ces choses de ma jeunesse ne peuvent intéresser que moi. Qu'est-ce que ça vous fait que j'aie été douce et que j'aie été dévote? Vous ne vous en moquez pas mal. Est-ce qu'il ne faut pas que toutes les femmes commencent comme cela, jolis poupons roses qui plus tard se transforment en harpies inexorables; tendres fronts d'anges, sourires innocents, petites mains jointes, regards célestes, lèvres pures, à qui l'avenir réserve peut-être le nom de Messaline ou de la Brinvilliers ! J'ai été semblable à tout le monde ; pourquoi m'en étonnerais-je et pourquoi vous étonneriez-vous ? D'ailleurs, c'est seulement mon premier amour que je veux vous raconter. Vous pensez bien que je ne pouvais pas aimer un paysan, moi ; c'était impossible avec ma beauté et mon caractère. Quelque innocente que je fusse, j'avais de secrètes aspirations vers le luxe et vers le plaisir, car on ne ment pas complétement à sa nature. Le vice est toujours là, qui cherche à lever son impôt sur les jolis yeux, les jolies mains, les jolis pieds. Dix-sept ans et un cœur tout neuf ne se promènent jamais sans mauvaise rencontre le long des buissons. En été, un jour que je savonnais des collerettes à peu de distance de la ferme, j'entendis derrière moi un bruit de pas qui n'avait rien de la lourdeur habituelle de nos valets de labour. Je me retournai et j'aperçus un homme, vêtu ainsi que les princes des contes de fées, beau avec noblesse, le sourire sur la bouche, et qui me regardait comme je n'avais jamais encore été regardée. Ce qui courut dans mon corps à ce moment, n'a plus couru depuis et ne courra qu'à l'heure de ma vengeance ! Je crus qu'il pleuvait de l'or et du feu, et la respiration me manqua. Il était midi, mes bras étaient nus ainsi que mes épaules, car on était au mois de juillet comme à présent; mes cheveux étaient beaux de tout leur désordre, et la cambrure de ma taille ressortait de ma position agenouillée. Me voyant ainsi, confuse et pourpre, il s'arrêta. Quel souvenir! Oh! le tuerez-vous bien? Comment le tuerez-vous? Votre bras sera-t-il assez fort, au moins?... Oh! s'il allait en réchapper!... Prenez-y bien garde!

— Ensuite? dit Maillard, lorsque Théroigne eut repris sa respiration.

Elle continua :

— Maintenant je ne vous traînerai pas l'histoire en longueur. Cet homme, ce lâche, ce noble, car c'était un noble, vous vous en étiez douté, ce fut celui qui me perdit. Ce qu'il a fait de ma tête, de mon cœur, pendant une année, je ne le sais plus, je ne peux plus m'en souvenir. Il paraît qu'il y a des hommes comme cela. Celui-là était à la fois mon idole et mon bourreau. Oh! tuez-le moi! tuez-le moi! Il marchait devant le malheur et l'annonçait. Lorsque je rentrai chez moi, ma mère était morte.

J'aurais dû voir là-dedans un avertissement du ciel, je ne vis rien du tout, j'étais folle, j'aimais ! De ce jour et de cet instant je ne fus plus la même, il semblait que la bacchante eût écrasé la vierge sous ses pieds. Mes traits, comme mon âme, devinrent tout autres : mes yeux s'éclairèrent, mes lèvres s'épanouirent, je ne tremblais plus devant personne, excepté devant lui. Oh ! lui ! Nos rendez-vous avaient lieu derrière la maison, dans un jardin qui n'était fermé que par une haie. Cette haie, je la sens encore ; et l'on me ramènerait devant elle, les yeux bandés, que je la reconnaîtrais au seul parfum. C'était la nuit que nous nous y rencontrions, quand tout le monde était couché. Assis sur un banc de pierre, nous nous répétions chaque soir ce que nous nous étions dit la veille. Lui n'y allait pas par quatre chemins, il m'assurait tout simplement qu'il m'épouserait, qu'il me ferait riche et grande dame. J'étais assez simple pour l'écouter, assez enivrée pour le croire. Il m'avait ordonné le mystère vis-à-vis de ma famille, et je lui avais obéi... Mais tout cela est vieux comme Hérode et j'ai presque du dégoût à vous le raconter, car il n'y a pas une scrvante d'auberge qui n'ait aux lèvres une aventure semblable. Je me hâte donc d'arriver aux faits importants. Un soir, j'allais au rendez-vous. Dix heures venaient de sonner. Je descendais l'escalier de ma chambre, en retenant ma respiration ; d'une main je tenais mes souliers. Arrivée à la porte qui ouvrait sur le jardin, je m'apprêtais à tirer doucement le verrou, lorsque je me sentis toucher à l'épaule. Je me retournai et je vis mon père. « — Où vas-tu, Anne? me demanda-t-il. » Les forces me manquèrent pour lui répondre et je tombai à genoux. Il me releva et attendit en silence que je fusse remise de mon trouble. Alors il me dit : « — Anne ! est-il vrai que tu aies déshonoré le nom de ton père? » Je tressaillis à cette voix sévère et triste; mais je relevai la tête : « — Mon père, lui dis-je, il est vrai que j'ai disposé de mon cœur sans votre aveu ; ne craignez rien pourtant. Celui que j'aime est digne de vous, digne de moi. Il a promis d'être mon époux et il tiendra sa promesse, car chez lui la noblesse du cœur va de pair avec la noblesse du nom. » Il secoua le front douloureusement. « — Malheureuse fille ! murmura-t-il. »

Je bondis sous le soupçon du vieillard. Le sang honnête des Théroigne qui sommeillait en moi s'éveilla pour la première fois et s'irrita. Je ne pus admettre la possibilité d'une trahison de la part de mon amant. « — Venez, mon père ! m'écriai-je avec fierté, venez ! c'est lui-même qui va vous répéter ces paroles. » Il ne répondit rien et il me suivit. La chaleur, la vivacité de mon langage l'avaient confondu. J'en étais étonnée moi-même. Je ne lui étais apparue jusqu'à ce moment que comme une fille timide, n'osant jamais lever les yeux et lui ayant toujours obéi sans répondre. Nous n'avions qu'un court trajet à franchir ; je marchais en avant, d'un pas rapide... J'arrivai à notre banc habituel : mon amant n'y était pas. « — Eh bien ? demanda mon père lorsqu'il m'eut rejointe. » Un frisson mortel s'empara de tout mon être et me glaça le cœur. « — Il va arriver... balbutiai-je. » Et mes mains cherchèrent un appui contre la haie, je me sentis fléchir. Mon père demeura debout devant moi, muet, la tête nue, me regardant en face, et attendant. « — Il ne vient pas ! dit-il d'une voix sourde. » Un quart d'heure s'écoula ainsi, pendant lequel mille hontes me torturèrent. J'écoutais vaguement au lointain. acceptant le moindre bruit comme une espérance et essayant de me débattre contre l'opprobre qui m'environnait. Mon père semblait cloué en terre; ses yeux, qui devenaient plus noirs, ne me quittaient pas. De temps en temps il me répétait d'une voix chaque fois plus menaçante : « — Il ne vient pas ? — Encore... Encore un peu... disais-je en l'implorant. » Non, l'enfer n'inventera jamais de supplice plus grand que celui que je souffris à cette heure ! A la fin mon père fit un pas vers moi; j'eus peur et je reculai. Son regard était fixe et froid comme celui de l'homme qui a étouffé une grande douleur sous une grande résolution. Il me prit par le poignet, et me jeta sur l'herbe. « — Grâce ! grâce ! m'écriai-je. — Non ! dit-il avec un accent que j'entends encore vibrer, non ! En portant le premier coup à mon honneur, tu as porté le dernier coup à ma vieillesse. Regarde bien cette place, fille maudite, afin de pouvoir dire un jour : « — C'est là que j'ai tué mon père ! » Il me lâcha. J'eus le temps de le voir reprendre le chemin de la maison. Il chancelait et s'appuyait aux arbres. Quelques moments ensuite, lorsque, brisée, je voulus aussi, moi, revenir à la ferme, je trouvai la porte fermée. Mon père avait mis le verrou.

Ici Théroigne de Méricourt fit une pause.

Son œil était hagard, comme à l'instant où cet épisode s'était produit.

Puis rassemblant ses idées :

— Que vous dirai-je de cette nuit? Se souvient-on de la folie et de l'évanouissement?... Au point du jour, je me retrouvai au milieu d'une prairie où je m'étais couchée, toute blanche et les cheveux défaits. Un beau soleil me couronnait de ses rayons, des fleurs croissaient autour de moi; les alouettes s'élevaient en chantant dans un ciel admirablement bleu. Moi, moi, j'étais une fille perdue qui profanait tout cela! Et puis... et puis... ma foi! je ne me rappelle plus... Des perles, de la honte, de l'or!... un homme, cet homme toujours, qui me pousse en riant au fond de l'abîme... Là-bas, partout, des fêtes qui m'appellent à grands cris... Théroigne! Théroigne, découvre tes épaules et rejette plus en arrière ton audacieuse tête. Je ne sais plus où je suis. On se presse au-devant de moi, on a peur, on a désir, on s'écrie sur tous les tons : « Ah ! la cruelle fille ! » Cruelle, oui. J'ai voulu l'être... A mon tour le déshonneur suit mes pas; à mon tour je dispose des existences et je les brise quand je veux... Je veux souvent !

— Je comprends cela, dit Fabre d'Eglantine.

— Voilà, reprit la Théroigne; j'ai fini. Vous voyez que ce n'est pas la mer à boire; il ne s'agit que de purger le pays d'un aristocrate. Je vaux bien cela, je crois. Sans le dégoût que son aspect soulève en moi, il y a longtemps que je lui aurais planté une pointe de sabre dans le corps, mais je ne pourrais pas m'empêcher de détourner la tête, et si j'allais le manquer ! Concevez-vous ?

Les trois jeunes gens se regardèrent.

Maillard dit à Théroigne :

— C'est bien; nous allons mettre nos trois noms dans un chapeau : celui qui sortira le premier sera ton vengeur.

— Et ton amant, dit Fabre d'Églantine.

Les trois noms furent écrits sur trois morceaux de papier.

Après qu'elle les eut remués, Théroigne en amena un.

Elle y jeta les yeux, et ce nom tomba de ses lèvres :

— Émile !

Il ne bougea pas, il ne souffla pas.

Les deux autres s'étaient levés ; et comme leur rôle était fini, ils saluèrent et se retirèrent.

Minuit et demi.

Émile et Théroigne de Méricourt restèrent seuls face à face, se regardant et se fouillant l'âme du regard.

L'heure était suprême.

— A présent, balbutia-t-il, le nom de cet homme ?

— Le duc de Noyal-Treffléan, répondit-elle.

IV

Je rôde autour de cette vaste figure. C'est vrai.

Elle est pour moi tout le dix-huitième siècle ; sur elle j'ai amoncelé le vice, le crime, le luxe, l'impiété et l'esprit. Elle est le pivot sur lequel repose et tourne mon livre.

Lorsqu'il entendit ce nom rentrer violemment dans son souvenir, Émile ne manifesta ni surprise ni épouvante. Il n'eut pas la pensée d'être épouvanté, il n'eut pas le temps d'être surpris. Il ne songea qu'à une seule personne, à Trois-Mai ! Le nom du père n'éveilla en lui que le nom de la fille.

Où était Trois-Mai ?

Depuis le jour où il l'avait vue enlevée dans les airs par un aérostat gigantesque, il n'avait plus eu de ses nouvelles. Toutes ses recherches échouèrent, toutes ses démarches furent déjouées.

On savait seulement que M. le duc était descendu en Picardie. C'était tout.

Sur ces entrefaites, la marquise de Perverie était retournée en Bretagne, dans son château nantais. Elle avait reconnu l'audace et la presque impossibilité d'une lutte avec le duc de Noyal-Trefléan.

Momentanément elle y avait renoncé.

D'ailleurs, les premiers grondements de la Révolution se faisaient entendre ; une royauté sans respect, une noblesse craintive, un peuple livré à lui-même, tout cela attristait l'âme de la marquise en lui inspirant des inquiétudes pour l'avenir.

Elle avait donc quitté Paris quelques mois avant l'affaire de la Bastille.

A sa grande surprise, Émile avait refusé de la suivre.

Émile, lui, ne s'effrayait pas de la Révolution.

Au contraire !

Il avait tout à y gagner : avenir, nom, fortune. Il n'avait rien à y perdre.

Vienne la Révolution, il l'attendait de pied ferme

14.

pour lui demander tout ce que la société actuelle lui avait refusé.

Pauvre enfant! Après cela, mon Dieu, il était bien excusable dans son illusion. Il en était de lui comme de la France entière : depuis longtemps elle avait perdu le souvenir des révolutions, et elle croyait naïvement que celle qui allait venir serait la bonne.

Ce ne fut que la grande, ainsi qu'on l'appela.

Émile vit partir la marquise de Perverie avec un profond sentiment de regret; il s'était habitué à la regarder mieux qu'une bienfaitrice, et cette séparation allait de nouveau le replonger seul dans la foule.

Il avait eu sa possession une petite somme, économisée sur ses gages, et dont il ne prévoyait pas la fin, tant il était naïf.

Émile comptait sans les hôteliers, sans les filous, sans les spectacles, sans tout ce qui fait à Paris la guerre à la bourse.

Il s'était logé dans la rue de la Cité, et il avait pris sur le registre de la police le titre d'étudiant en théologie.

Pendant les premières semaines, en effet, il ne s'occupa qu'à travailler et à lire; il ne sortait que le soir, il prenait tous ses repas dans sa chambre. Mais, je l'ai dit, c'était une imagination curieuse, qui voulait à la fois voir et savoir, mêler l'action à la pensée. Un mois ne s'était pas écoulé qu'on le rencontrait déjà assidûment aux réunions populaires.

Encore, la politique n'est pas ruineuse. Mais Émile avait d'autres goûts : la littérature l'attirait, et particulièrement le théâtre. Comment résister aux séductions d'une affiche annonçant la première représentation du *Présomptueux*, par Fabre d'Églantine, ou des *Châteaux en Espagne*, par Collin d'Harleville.

Il allait donc un peu partout, et son argent allait avec lui. Si bien que le moment arriva où Émile se trouva subitement dénué de ressources. Il était plus que temps de penser à se procurer de l'occupation ; mais comment s'y prendre? De quel nom se réclamer?

Rien ne se flaire mieux et plus vite que la l'indigence. En rentrant, un soir, il vit un petit papier entortillé autour de son chandelier de cuivre. Dans sa chambre il le déroula; c'était le mémoire de son loyer : il devait une soixantaine de francs.

Émile resta longtemps silencieux; pour la première fois de sa vie, il se mesurait avec la nécessité, et il ne l'envisageait pas sans frémir.

Enfin, il se décida à faire un paquet de quelques hardes, et descendant à la dérobée, il alla les porter chez un commissionnaire du mont-de-piété. Sur ce qu'on lui donna, il put calmer les premières exigences de son aubergiste. Mais il n'en fut guère plus avancé.

Il obtint pourtant, après de nombreuses sollicitations, une promesse d'emploi au *Journal de la Cour et de la ville*. Cela ne lui procurait pas à vivre pour le moment, il est vrai, mais cela l'encourageait à supporter plus intrépidement les jours de détresse et les heures de privations.

Heures et jours se passaient.

Et il ne lui restait plus que le seul habit qu'il avait sur le dos, un habit d'une qualité assez bonne. Un matin, il se rendit aux charniers des Innocents, et il le troqua pour un plus mauvais, moyennant du retour.

C'était son dernier sacrifice...

Nous ne le suivrons pas plus loin dans sa chute, qui eut encore plusieurs échelons.

Nous dirons seulement que le 13 juillet au soir, son hôtelier crut devoir lui signifier son congé, et qu'en conséquence notre héros passa la nuit à la belle étoile.

Le lendemain, pour se venger, il prit la Bastille. On connaît le reste.

Sa rencontre avec Théroigne de Méricourt eut cela de providentiel, qu'elle l'arracha, lui, Émile, à une mort presque certaine et qu'elle le remit sur les traces du duc de Noyal-Treffléan et de sa fille.

Cette seule idée, cet unique souvenir domina tout ce qu'il avait vu et entendu dans la soirée.

Il ne pensa pas au crime dont l'avait chargé Théroigne : ce crime, il ne pouvait pas le prendre au sérieux ; c'était comme un rêve sanglant dont on se débarrasse au réveil en secouant la tête.

Tuer le duc de Noyal-Treffléan.

Certes, il n'avait pas eu besoin d'apprendre la séduction de cette femme pour savoir tout ce que l'âme du duc pouvait contenir d'iniquités. Les fragments qu'il connaissait de son étrange histoire lui avaient suffi pour le juger. Sur un terrain de bataille, dans un duel, Émile n'aurait pas hésité autrefois à tourner contre lui la lame d'une épée ou le canon d'un pistolet. Mais aujourd'hui, si odieux, si diabolique, si atroce que lui apparût cet homme, il avait acquis un droit sacré à ses yeux : c'était le père de Trois-Mai. Il était inviolable.

A quoi donc pensait cette femme, et de quel droit venait-elle lui mettre un poignard à la main?

Que lui importait l'amour de cette courtisane?

Il se la rappelait maintenant : c'était elle qu'il avait vue aux initiations de Catherine Théot...

Émile ne voulut pas demeurer un jour de plus dans cette maison.

Dès le matin, il se présenta chez Théroigne de Méricourt, alors qu'elle ne faisait à peine que de se lever.

— Que veux-tu? lui dit-elle.

— Je veux partir.

— Déjà?

— A l'instant.

Elle le regarda et se méprit à l'expression de sa physionomie.

— C'est bien; tu tiendras ta promesse?

— Dis-moi la demeure du duc de Noyal-Treffléan ? répondit-il après un silence.

— Sais-tu à quoi tu t'engages ?

— Dis-moi sa demeure.

— Le duc est puissant, continua Théroigne en appuyant sur chacun de ses mots ; il est habile ; peut-être ignores-tu les dangers que tu cours. Réfléchis bien.

— J'ai réfléchi.

— C'est singulier, murmura-t-elle ; mais j'aurais préféré que ce fût Maillard ou d'Églantine.

— Eh bien ? demanda Émile.

Elle le regarda encore une fois et ne répondit point.

— Tu ne veux donc plus te venger, Théroigne ? Tu as donc tout à fait renoncé à ta haine ?

— Moi ! s'écria-t-elle.

— On le croirait à voir ton indécision et ta tranquillité. Qui sait ? tu lui as pardonné peut-être ?

— Pardonné !

— Ou bien est-ce qu'il te fait encore peur ?

L'amazone bondit sur Émile.

Il l'attendait froidement.

Elle s'arrêta... puis, haussant les épaules :

— Au fait, dit-elle, cela te regarde, qu'il te tue ou qu'il ne te tue pas! J'ai bien à faire de m'intéresser à toi!

— A la bonne heure.

— Pars donc, puisque tu le veux; je ne te retiens plus.

— L'adresse du duc?

— A Versailles.

— Bien.

— Rue des Vieux-Coches... une maison secrète où il vit depuis un an avec une jeune fille.

Émile fit tous ses efforts pour ne pas trahir son émotion.

— Une... jeune fille?

— Oui, la sienne, dit-on.

— Est-ce tout?

— C'est tout, répondit Théroigne de Méricourt.

— Merci.

Il allait s'éloigner; elle le rappela.

— Attends donc, dit-elle, tu t'en vas sans argent.

Elle prit une bourse sur sa toilette et la lui mit dans la main.

Émile tressaillit.

La bourse tomba par terre.

— Le prix du sang! murmura-t-il.

— Tu refuses? dit Théroigne étonnée.

— Oui.

— Pourquoi?

— Que t'importe? répondit-il.

— A ton aise. Et maintenant quand reviendras-tu?

— Après la mort du duc de Noyal-Treffléan.

— Soit.

— Adieu, fit Émile.

— Non pas adieu, repartit Théroigne de Méricourt; mais au revoir.

Il sortit.

A vrai dire, il était passablement embarrassé, et il marcha d'abord au hasard dans la rue, en se demandant comment entreprendre sans argent d'aller habiter Versailles.

Tout entier à cette préoccupation, il fit une de ces immenses promenades de cinq ou six lieues que beaucoup ont faites, et pendant lesquelles, l'œil fixé sur le pavé, les bras pendants, on cherche à conjurer le spectre de la misère qui grandit à chaque pas.

Il fréquenta surtout les bords de l'eau, comme font tous les gens attristés ; il rechercha les Champs-Elysées et leurs ombrages déserts, les faubourgs obscurs et mal bâtis, tout ce qui souffre, tout ce qui s'use, tout ce qui s'en va à la peine.

Au déclin du jour il était harassé.

Je ne sais comment il se fit qu'il se retrouva devant son ancienne demeure.

L'aubergiste l'aperçut et lui fit signe d'approcher.

— Parbleu ! dit-il, vous voilà à propos, car j'ai pour vous un petit paquet, venu hier soir une heure après votre départ.

L'aubergiste souriait et avait son bonnet à la main.

— Un paquet ? dit Émile.

— Un paquet, oui-dà, répéta-t-il finement.

— Voyons.

C'était une lettre de quelques lignes, accompagnant cinquante écus enveloppés dans un papier gras.

Il lut précipitamment.

Les caractères étaient mal formés, presque indéchiffrables.

Il y avait :

« Une pauvre vieille femme, à qui vos traits ont rappelé de douloureux souvenirs, vous prie d'accepter ce faible don. Supposez que c'est une mère qui vous l'envoie, et ne rougissez pas de l'accepter. Hélas ! vous ne me devez aucune reconnaissance... »

Pas de signature.

Le papier était épais et grossier, de celui qu'on appelle papier à fromage.

Émile demeurait confondu et rêveur ; il tournait et retournait en tous sens cette lettre énigmatique.

— Qui vous a remis cela? demanda-t-il enfin à l'aubergiste.

— Une femme, répondit-il.

— Mais encore quelle femme ?

— Une femme de soixante ans, environ.

— Bien mise ?

— Oh ! non ; une robe brune et passée, des souliers malpropres, un bonnet presque noir.

— Mais au moins l'air distingué?

— Au contraire, dit l'aubergiste; une démarche ahurie et lourde, une voix forte, une figure rude et méchante... avec une haleine qui sent le vin.

— Le vin? murmura Émile avec dégoût.

— Ou l'eau-de-vie, ça dépend des jours.

— Vous la connaissez donc? s'écria-t-il avec vivacité.

— Je sais qu'elle demeurait dans le quartier et qu'on l'appelait madame Thérèse.

— Thérèse?

— Oui; elle venait prendre quelquefois ses repas ici, dans la salle; un jour que vous descendiez, elle vous a aperçu... je ne sais pas trop comment cela s'est fait, car la chère dame n'était ordinairement occupée que de sa bouteille.

— Enfin? dit Émile impatient.

— Elle me questionna sur votre compte, me demandant quel était votre âge, votre famille, votre position... ces vieilles femmes sont curieuses en diable... Moi, dame! je lui dis tout ce que je savais, c'est-à-dire... que je ne savais rien du tout... que vous pouviez bien avoir quelque chose comme vingt ans; que vous viviez tout seul, en vrai loup-garou, sauf votre respect; que personne ne vous connaissait père ni mère, et qu'enfin vous vous appeliez Émile, ce qui est parfaitement un nom d'homme, mais ce qui n'est malheureusement pas un nom de citoyen... Pour ce qui concernait l'état de vos finances...

— Eh bien? dit Émile.

— Ma foi, je lui avouai que vous aviez meilleure mine que meilleure bourse, et plus de bonne volonté que d'argent sonnant. Cela parut lui faire quelque impression, à cette brave femme, car elle resta longtemps la tête appuyée entre ses mains.

— Ensuite?

— Ensuite?... attendez donc... oui... ensuite elle demanda une autre bouteille; mais cette fois c'était du blanc, du Chablis.

— Et depuis, est-elle revenue?

— Hier seulement, pour nous annoncer qu'elle entrait le lendemain dans un hospice, et pour nous charger de vous remettre ce petit paquet au cas où l'on vous retrouverait. Vous voyez que le hasard ne s'est pas trop fait tirer l'oreille pour remplir les intentions de madame Thérèse.

Émile ne revenait pas de son étonnement.

Mille pensées diverses se succédaient dans son cerveau, rapides et tumultueuses.

Que n'eût-il pas donné pour se trouver en face de cette femme, pour l'interroger, pour connaître le secret de sa sympathie ?

Il ne lui vint pas à l'idée un seul instant de refuser son modeste bienfait. « Supposez que c'est une mère qui vous l'envoie et ne rougissez pas de l'accepter, » disait-elle dans sa lettre. Une mère !

Pendant qu'il s'abandonnait à ses réflexions, il n'apercevait pas l'hôtelier, qui ayant vu de l'argent, se tenait dans l'attitude à la fois humble et joyeuse de celui qui espère en recevoir.

A la fin pourtant, Émile se ressouvint de sa dette. Il sourit. Détachant quelques pièces de la masse de son minime trésor, il s'empressa de les déposer dans la main de son propriétaire, dont la figure était devenue depuis un quart d'heure aussi rayonnante qu'un paysage de Portici.

— Ma chambre est-elle libre encore ? demanda-t-il.

— Certainement.

— Alors j'y passerai la nuit...

Dès qu'il se retrouva seul avec lui-même, Émile put se livrer sans contrainte aux émotions qui l'agitaient.

Ces lieux étaient encore tout pleins de sa pauvreté de la veille. Les meubles lui parlaient un langage connu; c'étaient de ces vieux meubles d'hôtel garni qui ont vu tant de mystérieuses souffrances, de ces lits solitaires où se sont pleurées tant de larmes, de ces tables où s'est vu si peu de pain ! Pauvres chambres par où passent perpétuellement ceux qui arrivent et ceux qui s'en reviennent, la jeunesse qui espère et la vieillesse qui désespère !

Émile fut pris d'attendrissement à leur aspect.

Sa situation abandonnée se représenta plus vivement à son esprit.

— Quelle signification dois-je attribuer à ce qui m'arrive? se demanda-t-il; d'où vient que cette lettre mal écrite et sans orthographe soulève en moi un monde de pensées?... Cette femme du peuple, qui est-elle?... Pourquoi ai-je excité son intérêt? que ne m'a-t-elle parlé? Mes traits lui rappellent, dit-elle, de douloureux souvenirs... Je n'ose

m'arrêter à une idée qui m'obsède et me poursuit...
Si cette femme... mais non ! l'aubergiste l'a dépeinte
sous des couleurs trop désolantes ; ne l'a-t-il pas re-
présentée comme une personne presque avinée,
grossière, de mœurs basses? Oh! n'importe! cette
femme m'a parlé au nom de ma mère, et quelle
qu'elle soit, je lui dois respect et reconnaissance !

Cela dit, Émile serra dévotement la lettre sur sa
poitrine, non sans l'avoir relue encore.

Grâce à cet inespéré secours, il pouvait maintenant
poursuivre son projet et se mettre à la recherche du
duc de Noyal-Treffléan et de Trois-Mai, sur les indi-
cations fournies par Théroigne de Méricourt.

V

Le lendemain, à la pointe du jour, un menu bagage sous le bras, Émile partait à pied pour Versailles.

Je ne dirai pas, avec les poëtes, que l'amour lui donnait des ailes. Toutefois est-il que sa marche était rapide et joyeuse, que l'espérance brillait sur son visage, et qu'il dévora en peu d'heures le chemin qui le séparait de Trois-Mai.

Bien qu'il fût ébloui du grandiose aspect de Versailles, il ne s'arrêta pas à en admirer les détails ; il salua le palais plein de l'ombre géante de Louis XIV, et le parc plein de l'ombre galante de Louis XV.

Puis il se hâta de se rendre à l'adresse désignée par Théroigne de Méricourt.

Il trouva facilement la rue des Vieux-Coches; l'hôtel du duc lui fut plus difficile à découvrir.

Néanmoins, après être revenu maintes fois sur ses pas, ses conjectures s'arrêtèrent sur une maison de mystérieuse apparence, qui ne briguait pas les regards des passants et tenait ses volets hermétiquement clos; une maison noire et rébarbative comme la gouvernante d'un sexagénaire.

— Ce doit être là! murmura-t-il.

Mais alors ses idées prirent un autre cours. Ce n'était pas tout de savoir la demeure de Trois-Mai; encore fallait-il pénétrer dans cette demeure. Et comment? par quel moyen? N'était-il pas déjà désagréablement connu du duc de Noyal-Treffléan, qu'il avait si hautement bravé au souper de Grimod de la Reynière, et dont plus récemment encore il avait interrompu l'entretien avec la marquise de Perverie?

De quel prétexte user pour s'introduire dans cet hôtel, grillé comme un couvent, muet comme un tombeau?

Il en était là de ses réflexions, lorsqu'il s'entendit interpellé par une voix doucereuse:

— Si c'est une auberge que vous cherchez, mon jeune monsieur, je vous préviens que vous n'en trouverez pas de meilleure ici que celle du *Sanglier russe*.

C'était une grosse mère, juchée sur le seuil d'une porte précisément à côté de l'hôtel.

— Au fait, pourquoi pas? se dit Émile, cette femme me donnera sans doute les renseignements que je désire; et puisque je ne peux établir mon domicile dans la rue sous peine d'éveiller les soupçons, mieux vaut m'installer ici qu'ailleurs.

Il se dirigea donc vers l'auberge du *Sanglier russe*, après avoir salué l'hôtesse de son plus avenant sourire.

— Entrez, monsieur, entrez! dit-elle en trémoussant les douze cotillons dont elle était couverte.

Il entra.

— Jeanne! Baptiste! Pierre! arrivez donc, fainéants; voilà du monde.

Mais Émile s'empressa d'arrêter son zèle en lui objectant qu'il ne désirait absolument rien qu'une chambre, vu qu'il était seul, et que par conséquent il était inutile, pour si mince compagnie, de déranger ses nombreux domestiques.

Après une aimable révérence :

— Quelle chambre vous faut-il? demanda l'hôtesse; voulez-vous une chambre au premier étage, avec glace, toilette et clavecin, ayant vue sur la rue...

— Sur la rue? non, répondit Émile.

— Est-ce une chambre au second?

— Au second, non plus.

— Alors, il ne nous reste que les mansardes, dit-elle.

— C'est que, poursuivit Émile avec embarras, je ne tiens pas essentiellement à voir sur la rue... au contraire... le bruit me trouble...

— Le bruit? Jésus-Dieu! il ne passe pas vingt personnes par jour dans la rue des Vieux-Coches.

— C'est égal, je n'aime pas les distractions.

— A votre âge? dit l'hôtesse étonnée.

— Oui, tel est mon goût.

— Après cela, nous avons encore un petit cabinet donnant sur une cour très-haute et très-sombre, et qui pourrait peut-être vous convenir.

— Oh! une cour, c'est bien triste, madame l'hôtesse.

— Dame ! puisque vous aimez tant la solitude.

Émile restait indécis et contrarié.

Tout à coup la grosse petite femme poussa un cri.

— J'oubliais ! dit-elle... il me reste aussi une pièce sur le derrière... quelque chose de fort bien, avec une fenêtre donnant sur les jardins d'un hôtel.

— Sur les jardins de l'hôtel à côté ? demanda-t-il avidement.

— Oui.

— C'est cela qu'il me faut ! c'est bien cela ! du calme, n'est-ce pas ? De l'air, un horizon...

— A perte de vue.

— Des ombrages ?...

— De toute beauté.

— Voilà mon affaire ! s'écria Émile, et je ne demande pas autre chose.

L'hôtesse montra de l'hésitation.

— Oui... mais il y a une petite difficulté.

— Laquelle ?

— C'est que cette chambre est la mienne, dit-elle avec pudeur.

— Eh bien ?

— Eh bien ! mais...

— Vous prendrez, dit Émile, celle du premier étage que vous me proposiez tout à l'heure.

— Comme vous y allez! répondit-elle.

— Oh! je vous en prie! Laissez-moi cette chambre ; si vous saviez comme j'aime à voir la campagne ! Je vous paierai ce qu'il vous plaira.

— Allons ! dit l'hôtesse en riant, allons, je vous la cède, puisque vous paraissez tant y tenir. Mais il faut que ce soit un gentil garçon tel que vous, ajouta-t-elle avec coquetterie.

— Merci! merci! dit Émile en lui saisissant les deux mains.

Un quart d'heure ensuite, tout étant préparé, il prit possession de son nouveau logement.

C'était une chambre carrelée de rouge, meublée avec modestie et entretenue avec propreté ; on y devinait la présence accoutumée d'une femme aux fleurs de la cheminée, fleurs un peu vulgaires qui trempaient dans des pots; au luisant de la glace et des meubles; à l'embonpoint d'un lit élevé auquel il semblait qu'on ne pût atteindre sans l'aide d'un tabouret, véritable lit ecclésiastique, blanc à éblouir. Un bénitier en faïence, enjolivé à la peinture bleue, était appliqué contre le mur.

On voyait aussi plusieurs estampes coloriées et plusieurs gravures. Une d'entre elles, dans un cadre de bois noir, représentait *la Jeune Fille rendue à ses Parents*. Au milieu d'un site rustique, sur le seuil d'une chaumière surmontée d'un colombier, deux vieillards, émus jusqu'aux larmes, tendaient les bras à une innocente que tenait par la main un militaire. Au-dessous se lisait cette légende, dont nous conservons la belle naïveté : « Le maréchal-des-logis remet la jeune fille entre les mains de ses vieux parents. Ceux-ci, dans leurs transports de joie, lui proposent de l'épouser. Le brave Gillet leur répond qu'il lui a été plus facile de lui sauver la vie que de faire son bonheur à l'âge de soixante-dix ans qu'il a. Le père, pénétré de reconnaissance, lui offre une bourse ; mais ce généreux militaire lui assure que sa récompense est dans son cœur. Il demeure actuellement à l'hôtel royal des Invalides. »

Je dois à la vérité de dire que ce n'étaient pas ces détails qui avaient d'abord provoqué l'attention d'Émile. Il s'était immédiatement élancé vers la croisée qu'il avait ouverte.

L'hôtesse ne l'avait pas trompé.

Séparé seulement de l'auberge du *Sanglier russe* par un potager et bordé par un mur de hauteur aristocratique, un parc déroulait sous ses yeux avides la verdure de ses méandres. Des arbres, fluets comme des arbres de cour, baignaient leurs cimes clair-semées dans la lumière. Un sentier apparaissait de temps en temps, ras comme du velours et soudainement brisé par un pan de charmille. Les têtes rondes des bosquets se découpaient sur les pelouses dont un congrès de petites fleurs jaunes, bleues et blanches s'attachaient à rompre la monotonie majestueuse. C'était quelquefois aussi une pièce d'eau qui brillait tout à coup, tranquille et fascinante, dans le plus profond de l'ombre d'un taillis.

Émile resta un quart d'heure à cette fenêtre et il est probable qu'il y serait resté plus longtemps encore, sans l'arrivée de son hôtesse, curieuse et bavarde personne, qui venait s'informer s'il n'avait besoin de rien.

La route lui avait creusé l'estomac, il s'en aperçut malgré ses préoccupations.

— Je prendrai volontiers quelque chose, répondit-il.

— Voulez-vous descendre au salon ? Nous avons un salon superbe de soixante couverts.

— Non, faites-moi servir ici.

— Dans cette chambre ?

— Oui.

L'hôtesse demeura un instant immobile ; enfin elle se décida à obéir aux fantaisies, inexplicables pour elle, de son nouveau pensionnaire.

Mais elle ne voulut céder à aucun autre le soin de le surveiller ; ce fut elle qui se chargea de mettre la nappe et de transporter les assiettes. Son imagination montait et descendait les escaliers avec elle.

Pendant ce temps-là, Émile s'était accoudé de nouveau à la fenêtre.

— A qui sont ces jardins ? demanda-t-il d'un air insouciant en apparence.

L'hôtesse cligna de l'œil et sourit malignement.

— Ces jardins ? répéta-t-elle ; oh ! c'est tout un mystère !

— Un mystère ?

— Ou du moins quelque chose d'approchant.

— Expliquez-vous, dit Émile, que ce prologue intriguait fort.

— Eh bien ! ces beaux jardins, ainsi que la maison... que vous regardiez tant tout à l'heure...

Émile rougit.

— Appartient à...

— A qui ?

— A une jeune fille.

— Comment...

— Silence ! dit l'hôtesse en affectant des façons mystérieuses ; il faut que rien ne transpire de tout cela, ou nous courrions les plus grands dangers.

— Soyez sans crainte ! mais... cette jeune fille, qui est-elle ? comment vit-elle ?

— Qui elle est, je l'ignore ; à en juger sur son air on la prendait pour une fille de roi. Comment elle vit ? On n'en sait trop que dire, car elle ne sort jamais que pour se promener dans le parc.

— Seule ?

— Non... Mais vous voilà servi, dit-elle en montrant à Émile son couvert tout apprêté.

— Encore un mot, je vous prie, vous disiez...

— Moi ? je ne disais rien, reprit l'hôtesse, frappée de l'intérêt qu'il paraissait prendre à ses révélations.

— Mais si...

— Voilà votre serviette ; ne laissez pas refroidir cette bonne soupe au lard qui vous fait les yeux doux ; asseyez-vous.

Émile comprit qu'il venait d'exciter les soupçons de l'hôtesse et qu'il ne pouvait plus espérer rien tirer d'elle, du moins pour le moment.

Il se décida donc à se mettre à table.

Mais à chaque instant il se levait, croyant entendre des bruits au dehors.

Aussi lui fallut-il peu de temps pour expédier son repas ; après quoi, il se hâta d'aller reprendre son poste d'observation.

Les demi-mots de l'hôtesse avaient porté au plus haut point sa curiosité. Il interrogeait le parc dans tous les sens et cherchait à se rendre compte de ses moindres dispositions, sur lesquelles ensuite il bâtissait une foule d'hypothèses.

C'était sans doute par ce chemin qu'elle aimait à passer, c'était dans ce bosquet qu'elle se reposait, sur ce banc qu'elle devait s'assoir. Pour se rendre à la pièce d'eau, elle ne pouvait pas faire autrement que de longer ce parterre, dont la brise apportait jusqu'à lui de suaves émanations, et lorsqu'elle longerait ce parterre, rien ne lui serait plus facile que de la reconnaître, si lointaine que fût la distance. C'était le principal. Plus tard, il aviserait au moyen d'en être aperçu et d'établir avec elle un système de communications.

Comme depuis quelques secondes ses yeux demeuraient attentivement fixés sur un coin d'avenue, il lui sembla voir bouger quelque chose de rose à travers les arbres...

Non pas une robe de femme, cependant.

Croyant à une hallucination, effet d'une fixité trop persistante, il se frotta les paupières; mais la couleur rose continuait à se promener, éclatant tantôt sur le gazon d'une prairie, tantôt s'effilant entre deux minces peupliers, ou jaillissant par les interstices des haies.

Émile distingua bientôt parfaitement.

Ce quelque chose était quelqu'un.

Ce quelqu'un était un homme, mais un homme

surprenant, appartenant à un monde fantasque, comme qui dirait un berger du Lignon. Il était vêtu de satin rose, avec des nœuds de rubans aux épaules et aux genoux ; la nuance argentée de ses bas de soie se détachait le long des bocages qu'il parcourait d'un pas doux et lent. Par intervalles, il s'arrêtait pour cueillir une fleur et la respirer, ou pour regarder le ciel.

Il avait la tête nue.

Ce personnage étonna beaucoup Émile, qui voyait en lui un des acteurs des importants mystères annoncés par l'hôtesse du *Sanglier russe*.

En conséquence, son regard le suivait d'arbre en arbre et de buisson en buisson, avec un intérêt que tout le monde comprendra.

Le moment vint où il le perdit de vue.

Alors Émile crut pouvoir continuer de l'apercevoir en montant sur la table.

Il ne fit attention ni aux plats qui l'encombraient, ni aux assiettes, ni aux bouteilles ; il monta bravement, au risque de salir la nappe.

De là, son œil plongea sur les détours du parc.

Mais vainement se hissa-t-il sur la pointe du pied,

il ne put découvrir l'homme aux habits de satin rose.

En revanche, une voix le fit se retourner brusquement.

— Eh! mon Dieu! qu'est-ce que vous faites donc là-dessus?...

C'était son hôtesse qui venait d'entrer.

Émile demeura pétrifié, un pied dans une assiette, la bouche entr'ouverte et le rouge au front.

Cette attitude avait quelque chose de si burlesque et de tellement inattendu, que la femme ne put réprimer un éclat de rire qui résonna dans sa poitrine comme un bris de vitres.

— Ah! ah! ah! que vous êtes donc drôle comme cela... restez encore... je ne veux pas vous déranger... Ah! ah! est-ce que c'est votre habitude de prendre ainsi vos repas? Je conçois que vous vous soyez fait servir dans votre chambre... Ah! ah! ah!

Elle se tordait, la grosse petite femme; et les douze cotillons, partageant sa joie, dansaient sur ses flancs.

Cependant Émile s'était empressé de descendre; il balbutiait.

A ce moment, l'homme à la veste de satin rose repassait dans l'avenue.

Émile prit l'hôtesse par la main, et le lui montra d'un geste rapide.

Mais elle se mit à rire de plus belle, et elle n'eût pas ri plus fort quand bien même on lui eût chatouillé la plante des pieds avec les barbes azurées d'une plume de paon.

Il fallut qu'Émile attendît patiemment la fin de cette nouvelle explosion des orgues de liesse, comme dit Béroalde de Verville.

Lorsqu'elle fut à peu près calmée :

— Quoi ! dit-elle, c'était pour voir ce bel oiseau de carnaval que vous étiez grimpé de la sorte ?

Et peu s'en fallut que son hilarité la reprît.

— Mais quel est cet homme ? demanda Émile.

— Ce n'est pas un homme.

— Pas un homme ?

— Non.

— Qu'est-ce donc alors ? dit-il, stupéfait.

— C'est Ariodant.

— Ariodant.

— Oui.

Émile la regarda pour voir si elle ne se moquait pas de lui.

— Enfin, poursuivit-il, vous ne m'apprenez pas ce qu'il est, ni ce qu'il fait ?

— Dame! vous voyez; Ariodant, c'est un homme qui s'habille de rose, qui cueille des fleurs et qui s'amuse à jouer de la flûte.

— C'est là tout ?

— Je ne lui ai jamais vu faire autre chose.

L'hôtesse tournait autour de la table, qu'elle était occupée à desservir.

Lui s'était assis, et le coude au genou, le poing au menton, il réfléchissait.

De quoi allait-il être témoin ? A quoi ne devait-il pas s'attendre ? Rêvait-il ? Un instant il avait cru être dans un pays féerique, tout ce qui l'entourait confondait sa raison. Qui était cet homme rose, et dans quel but avait-il déserté si brusquement les volumes de l'*Astrée?* Qui lui répondait que l'enchanteur Albuzacar n'était pas là, rôdant aux environs ?

Sa chère Trois-Mai elle-même lui apparaissait comme une infortunée princesse dans une tour, au sommet d'un roc sourcilleux; et il n'avait sur lui ni talisman, ni épée de diamant, ni cheval ailé, ni bague à rendre invisible, ni bouclier donnant la mort !

Ce qui l'inquiétait surtout, c'étaient les réticences de son hôtesse. Il se demandait jusqu'à quel point elle n'était pas gagnée aux intérêts du duc de Noyal-Treffléan.

Vainement encore essaya-t-il de la faire jaser; ses évasives réponses qui ne firent que planter de nouveaux aiguillons dans la curiosité d'Émile.

Il crut pouvoir alors manifester le désir d'être seul; et, cette fois, afin de ne pas être dérangé, il eut la précaution de pousser le verrou sur sa porte.

Le soleil allait se coucher. Il faisait une des plus belles journées d'été qui se puissent voir. Une chaleur pénétrante enveloppait la terre comme d'un réseau de feu, et commandait despotiquement le repos aux êtres comme aux plantes. C'était miracle quand un chant d'oiseau venait à rompre ce silence universel; encore ne tardait-il pas à se taire, après avoir lancé de son gosier brûlant deux ou trois notes voluptueuses. Il semblait qu'avant de s'en aller, le soleil rassemblât toute sa force et plongeât plus avant ses rayons d'or dans la vapeur des prés. C'était l'heure où la campagne, fortement surexcitée, donne tout ce qu'elle a de senteurs âcres et fécondantes, où, si l'on écoutait bien, on entendrait les bouillonnements de la sève dans les rameaux, et les murmures des graminées qui étirent leurs bras rampants sur le sol.

A Paris, où le soleil ne se mire que dans les ruisseaux et n'a d'autre occupation que de faire fumer les cheminées; à Paris, Émile n'avait eu ni l'occasion ni le temps de s'éprendre d'amour pour les magnificences de la nature. C'était donc une révélation pour lui. Pour la première fois de sa vie intelligente, il se trouvait en face d'un tableau tout à fait admirable, quoique français jusque dans la moelle des plus frêles arbrisseaux, c'est-à-dire riche, arrangé, brillant.

Émile remercia sa destinée, et, de la même façon qu'on lâche un oiseau privé, certain qu'on est de le voir bientôt revenir à sa cage, il donna l'essor à son âme, qui, les ailes chargées de parfums irritants, s'en alla se perdre au sein des mélodies, des brises et des couleurs.

Où donc le ciel avait-il pris ce bleu tendre, au grain si fin, qui attirait le regard avec tant de douceur ? Quelles mains divines avaient brodé la neige de ces petits nuages errants ? quelle haleine nonchalante les soufflait à travers l'espace ? Était-ce sainte Thérèse la rêveuse, ou Madeleine l'inoccupée ? Cet immense et beau ciel bleu tombait avec la majesté d'un manteau sur toutes les choses de l'horizon.

Le regard avait pour limite le bois de Satory, planté en amphithéâtre, épaisse ligne brune, arbres luxuriants, immobiles et rangés comme une armée en bataille. Le bois de Satory, qui couronne élégamment la pièce des Suisses, était une des plus délicieuses promenades de Versailles, particulièrement fréquentée des amoureux et des duellistes, qui y trouvaient de l'ombre à pleines branches, du silence et de la solitude. Là seulement, les Le Nôtre et les Lemoine ne s'étaient pas occupés de faire la queue aux hêtres centenaires et de coiffer les peupliers à l'oiseau royal. Les allées étaient vastes et désordonnées, l'herbe y poussait dru et sans mesure ; il y avait de larges ornières tracées par les roues des charrettes épaisses; il y avait des excavations et des fossés remplis de boue; le terrain allait tantôt en haut et tantôt en bas. Enfin les jardiniers avaient partout laissé faire le bon Dieu, qui avait laissé faire le soleil.

L'intervalle qui séparait le bois de Satory du parc de Noyal-Treffléan était comblé par des maisonnettes et des châteaux ardoisés. Peu de chaumières, car Versailles n'est pas le pays des chaumières. Là les arbres ont leurs quartiers de noblesse comme les hommes; ils ont la beauté, mais ils ont l'arrogance; ils ne veulent pas être confondus avec ces rustiques plébéiens poussés au hasard, tantôt penchés sur le bord d'une grande route, ou tordus en manière de spectre dans le fond d'un ravin, mal bâtis, moussus, familiers, frayant avec les insectes. Ils forment une aristocratie : il y a des ormes-barons, des bouleaux-marquis, des chênes-vicomtes et des arbustes-pages. Cette bande feuillée et gazouillante s'éparpillait dans les jardins avoisinants, qui tous étaient, les uns après les autres, l'objet de l'admiration d'Émile.

Mais ce n'était pas autant là-bas qu'à ses pieds

qu'il regardait. Ses yeux, de même que son cœur, étaient sans cesse ramenés vers le parc du duc de Noyal-Treffléan, où, là aussi, la nature s'était montrée généreuse, et où l'art s'était montré discret. Il se promenait en idée dans ces vallons odorants, sous ces quinconces formant un dôme ; il parcourait ces sombres et longues allées que l'on a justement comparées à des nefs de cathédrales.

Soudain, dans un chemin qui lui faisait face, voici qu'Émile aperçut un écartement de feuilles.

Il devint attentif.

Un petit négrillon costumé à la turque, et tel qu'on dépeint le Zamore de madame la comtesse Dubarry, vêtu de rouge étoffe, portait un parasol sous lequel s'abritait en marchant une jeune personne habillée avec la richesse des femmes de la cour. Sa longue robe de soie blanche, traînait sur les gazons verts, et semblait en les caressant y laisser après elle, des reflets de sa splendeur. Bien que l'éloignement ne permît pas de distinguer ses traits, cette jeune fille répandait autour d'elle un tel parfum de grâce, de noblesse et de fraîcheur, que l'on pouvait avancer, sans se compromettre, qu'elle était belle.

Elle allait à pas rêveurs, sans lever la tête ni la retourner, les yeux dans un rêve. Deux caméristes la suivaient, portant, l'une son éventail et sa canne haute et fine, surmontée d'une pomme en or sculptée, l'autre sa boîte à parfums. Enfin, mais un peu plus éloigné, venait l'homme en satin rose, Ariodant, puisque tel était son nom.

Ce cortége passa lentement et solennellement pour disparaître derrière une charmille...

Émile ne respirait plus.

Cette voix secrète de l'amour qui part et franchit les distances venait de lui crier :

— Voilà Trois-Mai !

Oui, Trois-Mai, l'enfant trouvée ! Trois-Mai, la fille de l'hospice ! Trois-Mai, la douce et pauvre recluse de la rue des Prouvaires !

C'était elle, elle sous des vêtements de somptueux, dans un parc seigneurial, traînant un peuple de valets à sa suite ! Elle, au milieu du luxe le plus hardi et le plus poétique, chez un homme qui aurait pu sur toute la surface de son domaine remplacer un matin par des perles véritables les perles liquides de la rosée, si la rosée était venue à lui faire défaut !

C'était Trois-Mai ! Trois-Mai, rendue à son rang, fille de duc, et châtelaine au front couronné.

Il en fut joyeux et fier pour elle.

Il en fut triste pour lui.

Car il ne se faisait pas illusion sur la distance qui maintenant les séparait. Ce qui les avait réunis autrefois, c'est-à-dire la conformité de position, n'existait plus. Elle avait retrouvé un père, un titre et une fortune. Lui était toujours orphelin !

Qui sait d'ailleurs si en perdant la pauvreté elle n'avait pas perdu le souvenir, si ses malheurs passés ne s'étaient point effacés devant son bonheur présent ?

A son âge, les souffrances laissent peu de traces ; et l'on oublie bien vite, en présence de l'abondance et des félicités, tout ce qui fut isolement, privation, amertume.

Pouvait-elle se rappeler aujourd'hui ce frère d'infortune, rencontré d'une façon si bizarre dans une guinguette de la barrière des Gobelins ? Cette conversation qu'ils avaient eue au milieu des crincrins, sur une table de bois, dans un nuage de tabac et de poussière chaude ; cette conversation alors si pleine d'enivrements pour tous les deux, ne s'était-elle pas empressée de la bannir de sa mémoire, à présent que tout détail un peu vulgaire, que toute préoccupation triviale devait révolter ses nerfs de grande dame ?

N'importe, il fallait à tout prix qu'il la vît et qu'il eût un entretien avec elle.

Car peut-être aussi la calomniait-il, peut-être n'était-elle pas heureuse, peut-être ne l'avait-elle pas oublié !

La promenade de Trois-Mai dura une demi-heure, pendant laquelle il la revit deux ou trois fois, par échappées, toujours escortée du petit négrillon au parasol et des deux femmes de chambre, toujours suivie à distance par Ariodant.

Elle ne leva pas une seule fois la tête de son côté ; du reste si elle avait pu l'apercevoir, ce qui était douteux, elle n'aurait pas pu le reconnaître. La fenêtre d'Émile était voilée et pour ainsi dire perdue sous une vigne montante, qui la dérobait en partie au dehors.

Le crépuscule allait se faire quand Trois-Mai reprit le chemin de l'hôtel.

Émile resta longtemps, après qu'elle eut disparu, à regarder les ombres s'élever et s'épaissir dans la campagne. Il assista à cette insensible dégradation des couleurs, alors que le jour, abandonne la terre feuille à feuille, fleur à fleur, brin à brin, comme un amant qui s'arrache avec peine des bras de sa maîtresse. Ainsi faisait le jour, s'efforçant à retarder son départ le plus qu'il pouvait. « Encore un adieu à cette prairie! disait-il; encore un baiser à cette rose! » Mais la nuit le traquait impitoyablement. Il essayait en vain de se réfugier dans le fond des bosquets, de se cacher dans les clairières, en se faisant petit, ou sur le bord de l'eau, espérant être confondu avec elle. La nuit arrivait tout à coup pour le débusquer de sa cachette, elle le poussait devant elle et semblait lui dire : « Allons, dépêchons-nous! » Bientôt il ne restait plus au pauvre jour un pouce de terrain; il perdait pied de tous côtés et il s'envolait tristement dans les cieux où s'allumaient les premières étoiles.

A ce moment décisif où la victoire reste à la nuit,

lorsque le vent renaît et bat joyeusement des ailes, faisant frissonner les bois, tracassant les sensitives et intimidant les rossignols, comme Émile allait se retirer de la fenêtre, il entendit le son d'une flûte qui s'éveilla dans l'ombre.

Le talent du musicien, sans être d'un ordre supérieur, était cependant assez remarquable pour qu'on en fût séduit. Si l'on ajoute le milieu où il se produisait, l'heure, les circonstances, on conviendra que tout était réuni pour disposer à la rêverie une jeune tête amoureuse comme celle d'Émile. Rien ne se marie mieux qu'une flûte aux vagues et délicieuses harmonies d'une nature couverte de ténèbres, aux odeurs flottantes des jardins, même au roulement des voitures qu'on entend au lointain. Et puis, ce n'était pas une lamentation que jouait ce flûtiste nocturne. C'était un air tout à fait bonhomme comme les airs de ce temps-là, alors qu'on avait une école française sans s'en douter ou sans le croire. Le joueur de flûte ne se lassait pas de le recommencer.

Émile se ressouvint des paroles de l'hôtesse sur

cet Ariodant, et de ce qu'elle lui avait conté sur son goût pour la musique.

Quel était cet original?

Voilà ce qu'il avait à cœur d'éclaircir, ainsi que beaucoup d'autres points, sur lesquels il résolut de demander conseil à la nuit, comme le recommande la sagesse des nations à ceux qui n'ont pas les moyens de se procurer un confident de tragédie.

Il referma donc sa fenêtre.

Ariodant jouait toujours.

VI

Plusieurs jours s'écoulèrent.

Émile passait son temps à envoyer d'indiscrets regards dans le parc du duc de Noyal-Treffléan et cherchait à découvrir les habitudes de ses hôtes. Mais il n'avait guère abouti jusqu'à présent qu'à savoir l'heure accoutumée des promenades de la jeune fille.

Quant au duc, il n'avait pas encore manifesté sa présence.

Trois-Mai sortait de sa chambre deux fois par jour, le matin et le soir : le matin, quand il ne faisait pas encore chaud, le soir quand il allait faire frais.

Elle n'était accompagnée que le soir.

Tous les signaux que tenta d'arborer Émile pour se faire reconnaître demeurèrent sans résultat ; et il dut inventer un autre moyen.

Il avait remarqué qu'il lui était facile de descendre par sa croisée dans le jardin de l'auberge, en se cramponnant aux branches de la vigne grimpante. De là, pour gagner le parc, il n'y avait que deux cents pas à faire. Un figuier placé contre le mur favorisait l'escalade.

Émile arrêta dans son esprit qu'il tenterait cette voie, afin d'arriver auprès de Trois-Mai et de la surprendre dans sa promenade du matin.

Ce projet ne pouvait être exécuté en plein jour, on le comprend de reste ; force lui fut de surseoir jusqu'à la nuit prochaine, pour laquelle il se tint prêt.

Inutile de dire combien la journée lui parut longue et combien il hâta de ses vœux impatients le moment où Apollon laisse flotter les rênes sur ses chevaux hennissants, alors qu'il se prépare à remiser son char dans les écuries de Téthis.

Ce moment arriva pourtant.

Mais la chaleur avait été suffocante. Longtemps

après le coucher du soleil l'horizon demeura ensanglanté. Tout le soir, des éclairs jaillirent des abîmes célestes.

Émile ne se coucha pas, il craignait d'être surpris par le sommeil.

Vers minuit, deux ou trois coups de tonnerre firent trembler les vitres. C'était un orage qui se préparait.

Il marchait dans sa chambre depuis quelque temps pour se dérober aux lourdes influences de l'air, lorsqu'il sembla entendre un petit bruit à la porte.

Comme une robe qui frôlerait le carreau...

Comme une main qui chercherait la serrure...

Il s'arrêta et prêta l'oreille.

Une voix émue :

— M. Émile... M. Émile... dormez-vous?

Il s'empressa d'ouvrir.

C'était son hôtesse qu'il avait sous les yeux, son hôtesse en jupon blanc et court, palpitante :

— Mon Dieu, M. Émile, excusez-moi... j'ai aperçu de la lumière dans votre... chambre... dans votre chambre... et...

— Remettez-vous.

— Oui, vous avez raison... c'est que, je m'en vais vous dire... c'est le tonnerre...

— Le tonnerre?

— Entendez-vous? dit-elle d'un air d'effroi; je crois que je vais encore me trouver mal... Ah!

Émile lui offrit une chaise.

Elle leva un œil languissant comme pour le remercier, mais celui-ci ne s'en aperçut pas; il avait l'esprit ailleurs, et cette visite inopportune ne lui inspirait d'autre sentiment que l'impatience.

Aussi dès qu'il la vit un peu maîtresse de ses sens :

— Vous disiez donc?

— Ah! oui... c'est vrai... je disais... Mais vous devez me trouver bien ridicule? reprit-elle en minaudant.

— Moi? du tout.

— Oh! si fait, si fait... tel est l'effet que produit sur moi le tonnerre... C'est bien singulier, n'est-il pas vrai, M. Émile?

Cependant comme elle menaçait d'éterniser ses soupirs et ses exclamations :

— Est-ce quelque service que vous attendez de moi? demanda-t-il.

— Un service... oui... Mon Dieu! je suis encore tout agitée... Quel orage!

— Cela se passera, dit Émile.

— Vous croyez?

— Tenez, voilà qu'il pleut.

En effet, le ciel donnait à boire à la terre altérée depuis vingt-quatre heures.

— Ah! tant mieux, dit l'hôtesse; je me sens plus à mon aise... Permettez-moi de rallumer ma chandelle qu'un coup de vent a éteinte.

— Très-volontiers.

La petite mère employa encore près d'un quart d'heure à l'accomplissement de cet acte. Il avait écarté la chaise, pour que l'envie de se rasseoir ne la prît pas. Enfin, elle se décida à quitter la place, non sans avoir tourné et retourné maintes fois autour du jeune homme.

— Allons! bonsoir, M. Émile.

— Est-ce tout ce que vous désirez?

— Absolument tout.

— Dans ce cas, bonne nuit, madame.

— Bonne nuit, M. Émile.

Il lui marchait sur les talons.

Elle sortit.

Débarrassé de ce cauchemar en cornette, il respira largement, et, courant à la croisée, il interrogea l'état du ciel.

La pluie ne tombait plus, ce n'avait été qu'une averse légère. Après s'être essuyé les yeux, les étoiles s'étaient remises à briller d'un plus charmant éclat. Les arbres frémissaient, à demi endormis, à demi réveillés ; tout respirait fraîcheur et bienêtre.

Encore une heure, et le jour allait commencer.

Émile n'avait donc pas de temps à perdre ; il fit ses préparatifs.

En amoureux prévoyant, il s'était muni d'un billet qui révélait à Trois-Mai sa présence et le lieu qu'il habitait. Son intention était de le jeter au-devant de ses pas, si le malheur voulait qu'elle fût épiée ou suivie de loin, et qu'il n'eût pas ainsi le loisir de lui parler.

Une heure et demie sonnait à l'église de Sainte-Marie lorsqu'il enjamba par-dessus la fenêtre. Il s'accrocha avec mille précautions aux rameaux de la vigne, et s'aidant des crevasses du mur, il arriva sans bruit au pied de la maison.

Au même instant, l'hôtesse du *Sanglier russe*, que les derniers grondements du tonnerre inquiétaient encore, revenait de nouveau frapper à sa porte, et murmurait :

— M. Émile... n'entendez-vous pas?... M. Émile... je crois que cela recommence...

Mais Émile était déjà parvenu à l'extrémité du jardin potager.

Il cherchait en tâtonnant le figuier qui devait servir à son escalade.

Dès qu'il l'eut trouvé, il lui fut facile en effet d'atteindre au mur, vers lequel il n'eut qu'à avancer une jambe pour se trouver presque immédiatement à cheval dessus.

Mais ce n'était pas tout : il fallait descendre, chose plus difficile, car la nuit était sans lune et il courait risque de choir dans un fossé ou de s'empêtrer dans un piége.

Néanmoins il vint encore à bout de cette entreprise

aux dépens de quelques ongles déchirés et de quelques écorchures aux genoux.

Alors il s'enfonça dans le parc où il se mit en mesure d'attendre patiemment l'heure de la promenade.

VII

Il y avait déjà longtemps qu'il attendait, l'œil constamment fixé sur le perron de l'hôtel, lorsqu'il entendit une flûte lui souffler aux oreilles soudainement.

Encore la flûte maudite!

C'était pire que la clochette du conte et que les galoubets magiques...

Émile bondit comme un lièvre; puis, rampant sur le gazon, il s'éloigna dans une direction opposée à celle du musicien.

Mais la flûte semblait le poursuivre, et de quelque côté qu'il tournât la flûte tournait avec lui. Elle jouait une ronde sur l'air du *Branle de Metz*.

Émile essaya de sortir du bois, il pressa le pas et fit un détour pour attraper une charmille.

A peine y était-il entré, que de l'autre côté de cette charmille il entendit la damnée flûte.

Décidément, cette poursuite devenait insupportable. Il crut pouvoir s'y soustraire en revenant sur son chemin. Le hasard voulut que le musicien en fit autant de son côté. Du reste, le bruit de leur marche était étouffé par les sons de l'instrument.

C'est ce qui fit qu'à un certain moment, Émile se trouva nez à nez avec le joueur de flûte, — qui était l'homme aux vêtements roses, — qui était Ariodant.

Tous deux ne purent retenir une exclamation de surprise.

Émile eût souhaité se trouver à cent pieds sous terre.

— Qui êtes-vous et que faites-vous là ? demanda Ariodant.

Dire qu'Émile ne se sentit pas embarrassé pour répondre, ce serait mentir impudemment.

Il jeta un regard sur son interlocuteur, resta

muet pendant plusieurs minutes, le temps de trouver un prétexte quelconque, puis enfin il murmura :

— J'aime la flûte.

A son tour, Ariodant l'examina des pieds jusqu'à la tête, en marmottant :

— Vous aimez la flûte... vous aimez la flûte... je veux bien le croire... mais ce n'est pas une raison pour s'introduire dans les propriétés particulières.

— Excusez moi, dit Émile enhardi ; voilà huit jours que je demeure dans les environs, et depuis huit jours je ne dors ni ne mange, tant les sons de votre instrument ont exercé sur moi une singulière influence. Par malheur, l'éloignement me fait perdre une grande partie de la beauté de votre exécution, et il y a tel morceau qui n'arrive que par fragments à mes oreilles. Jugez de mon chagrin. Ce matin, frappé de la douceur de vos accords, je n'ai pu résister au désir de les entendre de plus près. En vérité, je ne sais pas moi-même comment cela s'est fait... je me suis approché... je me suis approché... un mur se trouve devant moi...

— Vous passez par-dessus...

— Croyez-vous ?

— Dame, puisque vous voilà.

— C'est juste. J'étais enivré, je ne me possédais plus... Pendant près d'une demi-heure, je vous ai suivi à la piste sans réfléchir aux dangers de cette imprudence... Ah! n'est-ce pas l'âme des anciennes sirènes qui est revenue habiter ce vulgaire morceau de bois?

— Je ne crois pas, répondit Ariodant modeste et flatté.

— Enfin que vous dirai-je? Si ma faute en est réellement une à vos yeux, j'en suis trop puni par la privation de cette jolie ronde que vous jouiez tout à l'heure et que vous n'avez pas achevée.

Pendant qu'Émile parlait de la sorte, la figure de l'homme à l'habit rose prenait un aspect de contentement qu'il ne s'efforçait pas de déguiser. C'était un garçon d'à peine trente ans, tout à fait placide de physionomie, les dents blanches, l'air propret. Ses yeux seuls offraient une bizarrerie qu'on ne s'expliquait guère : celui de gauche était infiniment plus petit que celui de droite et beaucoup plus rapproché du nez. On eût dit des yeux dépareillés. Sauf ce léger désavantage, l'individu connu sous le nom merveilleux d'Ariodant n'avait rien en lui que de séyant et même de sympathique.

Il parut touché du regret exprimé par Émile, et mettant sa flûte sous le bras :

— Venez, lui dit-il.

— Où donc?

— Dans le fond du parc ; je vais vous finir l'air.

— Et pourquoi pas ici ? demanda Émile en indiquant un banc à leur portée.

— C'est que ce chemin est précisément celui par où va passer ma jeune maîtresse, et que ce banc est justement le banc où elle a coutume de s'asseoir.

— Ce banc ?

— Oui, répéta-t-il : venez !

Émile n'avait pas laissé tomber ce détail, et, tout en suivant Ariodant, il déposa son billet sur le banc de Trois-Mai.

Quand ils eurent atteint un endroit favorable, tous deux s'assirent sur un tertre. Ariodant ajusta sa flûte à ses lèvres, pendant qu'Émile par contenance battait doucement la mesure avec son pied.

L'air fini, il demanda un second morceau et

puis un troisième. Ariodant était enchanté ; il passa en revue tout son répertoire, et ne s'arrêta que lorsqu'il n'eut absolument plus de souffle. Alors, rouge de sueur et de bonheur, il murmura hypocritement :

— Ainsi, vous ne trouvez pas cela trop mal?

— Trop mal! mais c'est-à-dire que c'est divin, admirable!

— Bien vrai?

— Bien vrai, très-vrai !

— Vous êtes donc satisfait, là, franchement ?

— Je le crois bien ! s'écria Émile.

— Alors, allez-vous en.

— Comment, que je m'en aille?

— Certainement... Ah çà! mon cher ami, vous êtes insatiable... Moi, je n'en puis plus, parole d'honneur !

— Hélas! murmura Émile, je ne saurais vivre dorénavant sans votre flûte!

— A ce point! dit Ariodant surpris et dont le triomphe atteignait des hauteurs orphéennes.

Émile baissa la tête et garda un douloureux silence.

Ariodant était réellement affecté.

— Pauvre jeune homme! je ne voudrais cependant pas avoir fait une victime. Il m'afflige, en vérité; mais, que puis-je pour vous guérir?

— Laissez-moi revenir quelquefois.

— Diable!

— Oh! je vous en prie...

— C'est difficile.

— Mon cher monsieur Ariodant!

Ariodant, dont le front s'était rembruni depuis quelques secondes, fit un geste étonné.

— Comment savez-vous mon nom? demanda-t-il; qui vous l'a dit?

— C'est l'hôtesse du *Sanglier russe*, répondit Émile.

— Vous logez donc au *Sanglier russe?*

— Est-ce que je ne vous l'avais pas appris?

Ce mot fut dit avec une candeur si parfaitement jouée, que toute défiance disparut du visage d'Ariodant.

— Il y a peut-être moyen de nous entendre, dit-il après avoir réfléchi.

— De *vous* entendre, corrigea Émile plein d'espoir.

— L'hôtesse du *Sanglier russe* est de mes amies. Retournez dans votre chambre, tâchez de vous y distraire. Évitez de funestes pensées. Et ce soir, ce soir, entendez-vous, je vous promets de venir vous y trouver. J'apporterai ma flûte, et je vous en jouerai tant que vous voudrez. Hein?

A mesure qu'Ariodant développait son plan, les traits d'Émile se recouvraient d'une expression de désappointement indicible. Non-seulement il se voyait interdire l'entrée du parc, mais encore il se trouvait avec deux nouveaux embarras sur les bras, un homme et une flûte, l'un soufflant de l'autre, et menaçant à toute heure de troubler sa sécurité personnelle et de se jeter en travers de ses projets.

Aussi n'accueillit-il pas avec une grande pétulance de transports la proposition d'Ariodant.

— Est-ce que vous n'êtes pas content? lui demanda celui-ci.

— Si fait! si fait!

— Ma foi! c'est tout ce qu'il m'est possible de faire en votre faveur.

— Je vous remercie.

— Peut-être trouverez-vous l'attente un peu longue d'ici à ce soir, continua-t-il sans remarquer un énergique mouvement de dénégation d'Émile; mais écoutez : je tâcherai de prendre un moment vers le milieu de la journée, et alors vous me comprenez... dit-il en portant sa flûte à sa bouche.

Ce geste commençait à devenir odieux à notre héros. Il se contint cependant et fit presque un sourire de reconnaissance.

— C'est bon, c'est bon! s'écria Ariodant; je vois votre joie, trêve aux compliments. Peste! quel enragé vous me faites! Flûte au réveil, flûte à midi; flûte après dîner, il vous en faut de la musique! allez-vous être heureux!

Émile eut un frisson en songeant à cette perspective.

Ariodant gambadait.

— A présent, dit-il, quand il eut mis un terme à ses lazzi, ce n'est pas pour vous congédier, mon jeune ami, mais voici l'heure où je me dois à mes graves fonctions.

— Et qu'est-ce que vous faites ici? demanda Émile curieux.

— Je suis domestique et statue.

— Vous dites?

— Statue et domestique.

Émile regarda cet homme d'un air ahuri.

— Je vous expliquerai cela ce soir, dit Ariodant.

— A ce soir donc! dit Émile qui fit quelques pas vers la muraille.

— Eh bien! où est-ce que vous allez?

— Mais vous le voyez bien, je m'en vais.

— Par où?

— Par où je suis venu.

— Allons donc! fit Ariodant; en plein jour? comme un voleur? Suivez-moi, je vais vous faire passer par une porte du parc. De là, une ruelle vous conduira au cours, qui n'est pas éloigné de la rue des Vieux-Coches.

Émile ne fut pas sans éprouver d'inquiètes appréhensions lorsque son compagnon le fit repasser dans le chemin affectionné de Trois-Mai. Mais une rapide inspection du banc le convainquit que son billet avait disparu.

— Voilà ma jeune maîtresse revenue de la promenade! dit Ariodant en désignant la fille du duc, qui montait lentement le perron.

— Elle a mon billet! pensa Émile.

Ils arrivèrent à une petite porte du parc, cachée sous des broussailles. Là, Émile se disposait à se séparer d'Ariodant, lorsque celui-ci lui dit :

— Eh bien! vous partez comme cela?

— Mais...

— N'avez-vous plus rien à me demander?

— Je ne crois pas.

Ariodant sourit.

— Allons! je ne veux pas que vous vous en alliez tristement... encore un petit air... la chanson de l'étrier.

Et, sur le seuil, il fit entendre quelques mesures, dont l'effet fut de hâter le départ d'Émile.

VIII

Il est temps d'introduire le lecteur dans la maison champêtre du duc de Noyal-Treffléan.

A l'heure où nous y pénétrons, une jeune fille est seule et assise dans une salle décorée au goût du grand siècle, grands tableaux, grands meubles. Sa tête est inclinée, elle pense ; dans une de ses mains on voit un billet entr'ouvert.

Cette jeune fille, blonde comme un rayon de soleil affaibli, c'est l'enfant du duc de Noyal-Treffléan, c'est Trois-Mai.

Des larmes ont coulé sur son visage, elle souffre encore, car chacun de ses pas dans la vie est marqué par une douleur amère. Pourtant quelle différence entre hier et aujourd'hui! La pauvre jupe noire qui entortillait son corps a été remplacée par une robe opulente, une de ces robes comme il en déborde dans les toiles à froufrou du somptueux Watteau, l'homme qui a le plus chiffonné de satin et de rubans, et qui aurait été infailliblement un tailleur s'il n'avait été un peintre. La chambre modeste de la rue des Prouvaires a fait place sans transition à un appartement splendide comme le salon d'Hercule, et peint au plafond par une brosse trempée de lumière, amoureuse des fêtes délirantes du paganisme.

Mais empressons-nous de le dire, l'âme de Trois-Mai était restée la même. Elle appartenait à cette nature d'anges-femmes qui naissent complètes et demeurent complètes malgré le milieu où le sort les fait se trouver.

C'est dire assez que le souvenir d'Émile était plus que jamais vivant en elle; n'était-ce pas le principal événement de son existence, le seul qui fût parvenu à dissiper ses tristesses d'orpheline, le seul qui planât sur son luxe actuel? Depuis une année qu'elle n'avait eu de ses nouvelles, un jour ne s'était point passé sans qu'elle songeât à lui. On n'aura donc pas de peine à comprendre son étonnement et son émotion en recevant d'une manière si inattendue le billet dans lequel il lui faisait savoir sa présence.

Mais à cette émotion heureuse avait succédé bientôt la réflexion, cette conseillère qui rogne tous les projets, de même qu'un usurier rogne tous les écus. Trois-Mai ne dépendait plus d'elle seule maintenant : des barrières dorées s'étaient élevées entre elle et Émile.

Elle était tellement absorbée dans ses réflexions qu'elle n'entendit pas le bruit que fit une portière soulevée. Un homme la contemplait attentivement. Il fit un pas vers elle.

— M. le duc! s'écria-t-elle d'un air d'effroi et en se levant soudain.

A peine si elle eut le temps de cacher sa lettre...

Le duc laissa voir un léger froncement de sourcils, et il garda le silence. Il était vêtu d'une robe de chambre noire en velours, fermée à la ceinture par une cordelière aux glands épais. Sous ce costume simple et sévère, les fortes lignes de son cou s'élevaient avec une certaine majesté.

— Rasseyez-vous, dit-il doucement à la jeune fille en lui prenant une main qu'elle abandonna inerte et froide.

Le duc ne put retenir un mouvement, indice d'une sourde contrariété.

— Êtes-vous malade, Trois-Mai? On serait tenté de croire que le sang s'est retiré de vos veines. Pourquoi rester immobile et droite comme une statue? Asseyez-vous, vous dis-je.

Elle obéit, sans oser lever les yeux.

— Est-ce mon approche qui vous rend toute tremblante? Est-ce ma voix qui vous fait toute pâle? Qu'ai-je donc en moi de si effrayant, de si terrible? Ne m'efforcé-je pas d'embellir votre vie, et sous ce rapport auriez-vous quelque reproche à m'adresser?

— Non, monsieur le duc, balbutia-t-elle.

— Monsieur le duc! toujours monsieur le duc! Ne suis-je donc que cela à vos yeux et ne pouvez-vous vous accoutumer à m'appeler : mon père?

Elle se tut.

— Voyons, continua-t-il, où en êtes-vous de vos leçons?

Le duc de Noyal-Trefléan s'était institué lui-même le professeur de sa fille, et, depuis une année, il avait entrepris son éducation sur des bases particulières. Chaque jour, s'attaquant à cette intelligence naïve autant que belle, il essayait de lui inculquer ses théories et de la recréer pour ainsi dire à son image. Cette œuvre, il l'accomplissait avec une patience et un génie de précautions qui décélaient le bout du manteau d'un Machiavel.

Mais, pour l'âme candide de Trois-Mai, c'était la torture morale infligée à heures fixes.

Il avait refait l'histoire du monde exprès pour elle, et dans cette histoire il n'avait fait surnager que les événements coupables et les héros exécrés. Toutes les figures honnêtes, tous les profils purs, avaient été implacablement éliminés dans cette édition qu'aurait pu signer Arimane. C'était moins une histoire qu'un roman peuplé de personnages fangeux et couronnés, de peuples esclaves criant : « Gloire à César! » un roman où les batailles s'entassaient sur les orgies, où les religions se heurtaient dans un choc ridicule; une Caprée murée d'airain ne laissant entrer l'espérance ni sortir le repentir. Le duc n'avait pas écrit cette histoire, il l'avait ricanée, mais ricanée avec le sérieux dont il était capable. Il avait barbouillé la face du monde afin de pouvoir dire à sa fille : « Vois comme c'est laid ! » et il avait déshonoré l'humanité afin de pouvoir dire : « Vois comme c'est méprisable ! »

Que de fois Trois-Mai détourna la tête et s'interrompit dans sa lecture pour demander à son terrible professeur :

— Mais où sont donc les mères qui ont été pures, les pères qui ont été respectés? Où sont-ils ceux dont la vertu n'a jamais failli et qui ont toujours vécu sous l'œil de Dieu?

Le duc souriait tranquillement et répondait :

— Fables ! illusions ! chimères !

Cette leçon se passa comme les autres : de noirs paradoxes tombèrent dans l'imagination de Trois-Mai et la remplirent de trouble et de dégoût.

Ce cours de scepticisme dura environ une heure. Le duc ne se lassait pas. Il fallut que, ployée sous l'évocation de tant de scandales et suppliciée par cette voix monotonement stridente, elle murmurât quelques mots de prière, pour qu'il consentît à s'arrêter.

— Soit, dit-il, assez pour aujourd'hui. Mais, ma fille, je remarque avec chagrin que depuis plusieurs jours vos progrès sont absolument nuls. D'où vient cela ?

— Hélas! c'est que l'ignorance était bien mieux mon fait.

— Vous êtes fille de duc.

— Je ne l'ai pas toujours été.

Le duc de Noyal-Treffléan la regarda longuement, sans proférer une parole. Embarrassée par ce regard fascinateur, elle voulut se lever.

— Permettez-moi de me retirer dans mon appartement, dit-elle.

— Un instant encore.

— C'est que... je ne me sens pas bien...

— Rien qu'un instant, insista-t-il, en donnant à sa voix toute la douceur qu'il pouvait et savait lui donner.

Elle se rassit.

— Ma fille, reprit le duc avec hésitation, vous n'avez pas de confiance en moi. Je m'en afflige et je vous en blâme. Que vous manque-t-il cependant ? est-il un de vos désirs au-devant duquel je refuse d'aller, une de vos fantaisies à laquelle je ne sois prêt à souscrire? Parlez. N'êtes-vous pas traitée ici selon votre rang? Dès que vous ouvrez la bouche, chacun s'incline et obéit, moi tout le premier, car je n'ai d'autre souci que celui de vos plaisirs dans le présent, d'autre ambition que celle de votre bonheur dans l'avenir. Pourquoi donc avoir des secrets pour moi, comme si j'étais un tuteur barbare ou un père sans pitié?

— Je ne vous comprends pas.

— Vous avez caché une lettre quand je suis entré, prononça le duc.

Trois-Mai sentit le froid la gagner.

— Montrez-la moi, ajouta-t-il.

Trois-Mai l'entendit bien, mais elle ne parut pas l'entendre. Elle avait peur.

Le duc réitéra sa demande.

— Non, dit-elle à voix basse comme si elle se parlait à elle-même; non! car vous lui feriez du mal...

— Du mal! A qui?

— A lui!

— A lui! répéta-t-il plein d'étonnement; de qui

est-ce que vous parlez, et quel mal pensez-vous donc que je sois capable de faire?

— Je parle de quelqu'un qui est pour moi autant qu'un frère, et pour qui je ferais avec transport le sacrifice de ma vie !

— Un frère?...

Ce mot fut accompagné d'un regard vicieux jeté en dessous par le duc à sa fille.

— Allons, c'est bien, dit-il en souriant, je vois ce que c'est. Vous autres, jeunes filles, vous appelez cela un frère. Le nom n'y fait rien. Bah! quelque amourette, je gage, des fadaises de roman, un rêve que vous voudriez transformer en aventure. Je ne vous en veux pas, ma fille; il faut bien un aliment à votre imagination. Mais, avouez que pour une rougissante Agnès, qui tremble à tous les mots, qui frémit et qui s'effarouche, avouez que vous possédez l'instinct à défaut de la science. Je ne prétends pas vous intimider : au contraire, je vous mets à votre aise. Toujours vous avez fait ombre avec moi de vos qualités de femme que je m'attachais à développer; il y a un malentendu entre nous, évidemment; vous m'avez pris pour ce que je ne suis pas, et moi je ne vous ai pas prise pour ce que vous êtes. Cela arrive mille fois. Seulement, ma chère petite, vous avez eu tort, mais grand tort, de ne pas vous confier à moi. Je ne suis pas un père comme les autres pères, ne vous en êtes-vous pas aperçue? Je comprends toutes choses et même plus encore. Vous m'auriez charmé en venant me raconter vos petites histoires. Je vous aurais donné des conseils, mais pas des conseils à la Bartholo; oh! non; j'entends mes devoirs d'une façon tout autre.

Trois-Mai reculait lentement.

— Çà, continua-t-il, ma charmante Agnès, dites-moi quel est votre Horace? En quel lieu l'avez-vous rencontré et depuis combien de temps? Au moins, est-ce un gentilhomme et sait-il qui vous êtes? Mais parlez donc, vous voyez bien que je n'ai pas de courroux. Vous avez un frère, c'est très-naturel, et, s'il faut vous parler franchement, eh bien! je m'en doutais. Ce qui m'étonne (mais ce qui m'étonne agréablement) c'est votre adresse à me le cacher. Savez-vous que vous êtes habile? oui, je vous en félicite, car vous m'avez trompé, moi qui ai pris des leçons à la cour de Louis XV. D'honneur! je vous regardais comme une ingénue, je le confesse, mais vos vingt ans ont joué mes soixante ans d'une admirable façon. Mes sincères compliments, ma fille !

La pâleur de Trois-Mai était extrême. A un mouvement que fit vers elle le duc de Noyal-Tréffléan, elle répondit par ce mot d'un sublime effroi :

— Monsieur, êtes-vous mon père ?...

Car à la fin elle se révolta, elle, l'enfant sans tache !

Tant de hontes et tant d'infamies l'indignèrent jusqu'à l'horreur. Elle montra son beau front de vierge irritée, et, s'appuyant au coin d'une commode :

— Chassez-moi ! dit-elle, foulez-moi sous vos pieds et brisez-moi ! arrachez un à un tous les vêtements que je porte ! frappez-moi ! tuez-moi !... mais respectez-moi !

Elle reprit :

— Dans la boue où vous avez laissé se traîner ma jeunesse, parmi les pauvres de la rue, chez les mendiants du ruisseau, partout où votre volonté m'a jetée, au cabaret et à l'hospice, j'ai trouvé le respect que je ne trouve pas dans la maison de mon père !

18.

Le duc recula.

— Jamais je ne vous ai rien demandé, dit-elle; aujourd'hui je vous demande cette seule chose. Ai-je quelquefois oublié mes devoirs envers vous? Je ne le crois pas. Vous m'avez toujours vue soumise et courbée. Que voulez-vous de plus? Est-ce de l'affection? est-ce de la tendresse? je ne le peux pas, cela m'est impossible. Que le ciel me pardonne!

— Trois-Mai!

— Oui, Trois-Mai! Trois-Mai, à la bonne heure! mais pas votre fille!

Le duc demeurait atterré.

— Votre fille serait celle qui se serait éveillée à la vie dans vos bras, qui aurait grandi sous vos baisers; votre fille serait celle dont vous auriez guidé la raison et dirigé les premiers pas! Mais l'être abandonné par vous sous un réverbère, élevé par charité, l'enfant à qui vous n'avez osé donner ni un nom de mère ni un nom de sainte, que vous avez appelé d'un chiffre, d'une date; la malheureuse que vous avez forcée à tendre la main, après l'avoir privée de pain et d'asile, celle-là n'est pas votre fille et ne peut pas l'être!

— Trois-Mai !

— Je ne suis la fille de personne, je suis la fille de Dieu !

— Écoutez-moi, voulut dire le duc.

— Non ! je vous ai trop écouté, je vous ai trop entendu. Vous me diriez encore de ces choses que je ne veux pas savoir, parce qu'elles sont ou trop fausses ou trop vraies. Vous avez assez égaré ma tête comme cela, laissez-moi garder mon cœur. Je ne veux plus de vos leçons, vos leçons m'épouvantent ! Il m'a fallu, pour y résister pendant un an, toute la force que Dieu donne à ceux qui le prient. Heureusement que si vous aviez le poison, j'avais le contre-poison, moi !

— Que voulez-vous dire ?

— Voyez ! dit-elle en lui montrant un livre.

— L'*Évangile*, lut le duc.

— Oui, l'*Évangile*, que j'ai été obligée de voler à vos domestiques !...

Jamais visage humain n'atteignit à la céleste beauté du visage de Trois-Mai en ce moment.

Le duc tremblait de rage.

— Ainsi donc, dit-il après un silence, voilà comment vous me braviez?

— Voilà comment je sauvais mon âme!

— Et ce billet, continua-t-il ironiquement, vous aidait-il aussi à sauver votre âme?

Trois-Mai ne baissa plus les yeux, cette fois. Elle avait la pureté, elle avait le courage...

C'était à son tour à dominer cet homme de fer.

— Donnez-moi ce papier, répéta-t-il.

— Non!

— Donnez-le-moi, je vous l'ordonne!

— Non!

— Trois-Mai!

Elle croisa ses mains sur sa poitrine.

Mais si elle avait le courage, elle n'avait pas la force. La lutte qu'elle venait de soutenir l'avait épuisée.

Elle, si timide et si frêle, ne pouvait résister longtemps à des émotions de cette nature.

— Laissez-moi, murmura-t-elle d'une voix plus faible, que vous importe ce papier qui ne renferme rien de mal, je vous le jure?

Et plus bas encore elle se disait:

— Oh! j'ai peur, j'ai peur pour lui!

C'est qu'elle n'ignorait ni la toute-puissance ni toute la cruauté du duc, et qu'elle se rappelait incessamment le récit des caprices infernaux qu'elle avait lus dans le livret de François Soleil.

— Allons! dit-il brusquement.

Les genoux de Trois-Mai s'abattirent sur le parquet.

— De grâce! murmura-t-elle.

— Ce papier?

— Oh! soyez bon!

Il s'avança.

Elle était défaillante; il lui saisit les deux mains.

Ce dernier cri, déchirant et suppliant, s'échappa de sa gorge et faillit la briser :

— Ah! mon père!...

Puis elle s'étendit à la renverse, blanche comme une morte, inanimée.

Le duc de Noyal-Treffléan s'arrêta, pâle aussi.

— Ce cri m'a remué! dit-il lentement.

Il resta plusieurs minutes à la même place, regardant sa fille évanouie et ne la relevant pas. Un sentiment inconnu venait de s'éveiller en lui, et il cherchait à s'en rendre compte, à rattraper pour ainsi dire la vibration enfuie.

Qui l'eût vu de la sorte, debout, immobile, les yeux grands ouverts, se fût demandé s'il était changé en pierre ou en fou. Mais le travail qui se faisait dans sa pensée était extraordinaire.

— Est-ce que je l'aimerais? se demandait-il; est-ce que depuis un an ce que je prends pour de l'habitude ou pour de la curiosité serait par hasard... de la tendresse paternelle?... Tout à l'heure, pour la seule fois de ma vie, il m'a semblé que mon sang criait... Suis-je sur le point de devenir pareil aux autres hommes, et mes entrailles auraient-elles attendu jusqu'à ce jour pour s'émouvoir?

Il passa la main sur son front.

— C'est inexplicable. Je ne me reconnais plus. Cette enfant s'est introduite par surprise dans mon cœur... Il est vrai que jamais je ne l'avais mieux admirée qu'aujourd'hui... Elle m'a parlé avec une fierté et une audace auxquelles je ne m'attendais certainement pas. J'ai reconnu en elle la race des Noyal-Treffléan et j'ai éprouvé comme un mouvement d'orgueil... Et puis c'est la première volonté que je n'aie pas domptée, la première rébellion, qui se lève devant moi. Elle m'a résisté jusqu'à la fin, ma fille, elle n'a pas cédé, elle n'a pas été vaincue, elle est tombée dans sa résistance !... c'est bien. Oh ! oh ! continua-t-il en se frappant au-dessous du sein gauche, ce que l'on appelle le cœur, cette montre qui marque la force ou la faiblesse humaine, le cœur bat donc encore chez moi !

Il se mit à rire, mais son rire se perdit aussitôt dans une réflexion; et il redevint sombre, regardant toujours Trois-Mai couchée sur le parquet.

— Elle ne m'aime pas... elle l'a dit. Elle me hait, je l'ai vu. Eh bien ! qu'y a-t-il d'étonnant là-dedans?... Elle ne m'aime pas, tout s'arrête ici... Nature ! nature ! mon pouvoir se brisera toujours contre le tien !

Son pied heurta le volume échappé aux mains de Trois-Mai.

Il tressaillit involontairement et murmura :

— L'*Évangile !*

Oui, l'*Évangile !* Et ce nom se plaçait sur sa bouche précisément à côté de la nature qu'il venait de prononcer, comme si au moment où il comptait un obstacle à sa marche impie, Dieu eût voulu lui en montrer un second!

A ce même instant il se rappela aussi, — c'était fatal! — il se rappela cette soirée ancienne où sa fille, au sortir de l'hôpital des Enfants-Trouvés, affamée et pleurante, invoqua soudainement une croix dans les airs et se réfugia sur les marches d'une église pour demander à Dieu secours et protection.

— Toujours la religion! dit-il, toujours Dieu! Voilà leur éternel bouclier! Avec ce mot, avec cette idée on les voit marcher sans crainte, non pas comme marchent les martyrs, mais comme marchent les conquérants. Tout est dit lorsqu'ils ont la foi, tout est fait lorsqu'ils ont la grâce; ce sont deux oreillers sur lesquels ils s'endorment, confiants dans une éternité bienheureuse. La foi, la grâce! Pourquoi ces dons tombés sur le genre humain, comme autrefois les langues de feu sur les apôtres, ne sont-ils pas tombés sur moi qui me fusse découvert exprès pour les recevoir?

Il repoussa l'*Évangile*.

Se penchant ensuite sur sa fille:

— J'allais oublier ce papier, dit-il, voyons.

Il n'y avait que trois lignes :

« Je suis près de vous, dans l'auberge à côté, au troisième, la fenêtre entourée de vignes.

» ÉMILE. »

— Émile ! prononça le duc en levant les yeux au plafond ; qu'est-ce que c'est que cela ?...

A ce moment, Trois-Mai fit un mouvement et un soupir.

Le duc se hâta de serrer le billet dans une de ses poches.

Puis il sonna les femmes de chambre.

— Ma fille s'est trouvée mal, leur dit-il, vous me préviendrez lorsqu'elle sera revenue à elle.

Mais une fois rentré dans son appartement, ses réflexions le reprirent et il leur livra son cœur en pâture :

— Elle aime cet Émile, voilà qui est clair. Aimer ! sentir son âme se fondre au souffle d'une autre âme ; c'est ce que je n'ai jamais éprouvé.... c'est ce qu'il faut que j'éprouve. Ma fille m'aimera, je le veux !

— Monseigneur! monseigneur! s'écria une femme de chambre en faisant invasion dans le cabinet du duc de Noyal-Treffléan.

— Eh bien! qu'y a-t-il?

— Mademoiselle vient d'être atteinte d'une fièvre violente, et nous avons été obligées de la coucher dans son lit.

— Retournez chez elle et faites appeler le docteur.

Seul, le duc se posa cette question :

— Est-ce moi qui l'ai brisée? Cette dernière scène aurait-elle dépensé toute son énergie!... Oh! non, la jeunesse sera probablement la plus forte... ce n'est qu'une crise passagère. Cependant j'aurais dû la ménager, car après tout elle est ma fille! — Ma fille! répéta-t-il en rêvant...

— Monseigneur! monseigneur!

C'était la femme de chambre qui revenait.

— Encore? dit le duc.

— Le délire s'est emparé de mademoiselle, et au milieu de ses pleurs et de ses sanglots, elle ne cesse de prononcer un nom, qu'elle appelle à grands cris.

— Quel nom?

— Émile!

Le duc garda le silence.

D'un geste il congédia la camériste.

— Émile! toujours cet Émile! Allons, il faut céder, car je ne veux pas que cette enfant meure, je ne veux même pas qu'elle soit malheureuse. Elle m'a répudié pour son père, j'ai à prendre ma revanche vis-à-vis d'elle.

Il sonna.

A un laquais qui se présenta, il donna les instructions suivantes :

— Dans l'auberge à côté, il y a un jeune homme qui demeure au troisième étage, sur le derrière, une fenêtre entourée de vignes, je crois.

— Bien, monseigneur.

— Il s'appelle Émile.

— Émile, répéta le valet.

— Vous allez le trouver et vous lui présenterez ce billet, en le priant de vous suivre au nom de la personne à qui il est adressé.

— Après, monseigneur ?

— Après, vous ferez entrer ce jeune homme ici et vous viendrez me prévenir.

— Il suffit, répondit le valet en s'inclinant.

— Je veux le voir et l'interroger, se dit le duc. Celui qui a su attirer l'attention de ma fille ne peut pas, ne doit pas être un homme ordinaire.

XV

Le parc de Versailles, si désert aujourd'hui, et que réjouit seulement dans les soirées blondes la musique des régiments, le parc de Versailles, qu'il semble de bon goût de railler pour sa magnifique symétrie, et dont les arbres vont si bien deux à deux, comme des alexandrins, qu'on est tout étonné de ne pas les entendre rimer à leurs cimes, le parc de Versailles ne se ressemble plus à lui-même. C'était un tableau, ce n'est plus qu'un cadre maintenant. Ces pelouses qui appelaient si bien les robes ramagées et ramageantes, les souliers de satin furetants, les petits talons rouges ; ces avenues où les chaises à porteurs avec leurs rideaux frangés d'or et leurs armoiries finement peintes reposaient si doucettement, ces lacs où de galantes compagnies venaient perpétuellement s'embarquer pour Cythère, ces Amours qui décochaient leur flèches sur de vrais cœurs, ces Vénus qui avaient quelque raison d'être pudiques en face de tant de monde, ce paysage enfin si hyperboliquement coquet, recevait autrefois la vie et la joie d'une foule de toutes couleurs, marquises, courtisans, oficiers. Louis XIV était alors le véritable soleil de Versailles; à présent, c'est le soleil seul qui est le Louis XIV de Versailles.

Un peu moins animé en 1789 que sous le grand oi, surtout autrement animé, le parc était cependant encore une belle chose, peuplée et brillante.

Au lieu de rentrer directement à son hôtellerie du *Sanglier russe*, Émile, que nous avons laissé le matin sous l'impression de la flûte d'Ariodant, avait dirigé ses pas vers les jardins royaux.

Il passa la journée entière à errer autour des deux Trianons, séjours féeriques, où l'on donnait la comédie avec des agneaux, des abbés et des musiciens. Il s'en revint ensuite par le bois de Satory.

Il allait être six heures du soir; le jour était grand

encore. Éveillés par le vent, les arbres s'étaient mis à babiller par leurs milliers de petites langues vertes, comme feraient entre eux de bonnes gens, après la dînée, sur leur porte. On entendait aussi quelques chants d'oiseaux, perdus dans les massifs, et plus heureux que les autres oiseaux de Trianon, dont les pattes mignonnes se gelaient à percher sur la tête des Apollons de marbre.

A cette heure sereine, dans une des parties les plus reculées du bois, deux femmes étaient assises sur un banc. A leur costume, il était aisé de reconnaître qu'elles appartenaient à la cour.

Elles causaient.

Quelque chose de triste voilait les traits de l'une d'elles, la plus belle et la plus grande ; elle avait une robe de couleur sombre ; un éventail pendait au bout de sa main droite abandonnée. C'était une femme dans la force de l'âge, blonde sous la poudre, au profil accusé fièrement.

L'autre, belle aussi, lui disait :

— Madame, qu'est devenue votre gaieté de jadis ? Rappelez-vous ces moments de bonheur et de plaisir, alors que tout s'animait de votre présence et que vous étiez l'âme adorée des divertissements de Versailles ?

— Hélas ! que ne donnerais-je pas aujourd'hui pour racheter cette jeunesse dont on m'a fait un crime ! Chaque éclat de rire de la dauphine retombe maintenant en larmes amères sur le cœur de la reine. Dans ce temps-là je croyais pouvoir prendre ma part de gaieté sans offusquer personne. Les murailles de mon palais n'étaient pas assez hautes, ni assez épaisses, voilà le malheur ; le peuple m'a entendue rire un jour qu'il ne riait pas, et il s'est fâché. Au fait, j'étais folle, et j'ai mérité mon sort. Où voit-on dans l'histoire une reine souriante et heureuse, comme j'osai l'être pendant quelques instants ? J'ignorais alors que chaque parcelle de bonheur était autant de volé sur mes sujets. On me l'a fait comprendre depuis : « Madame, ne riez pas ! car je n'ai ni pain ni asile. Madame, ne dansez pas ! car mon enfant se meurt à mon sein maigre et tari. Pas de festins ! pas de musique ! car nous souffrons, car nous sommes pauvres et envieux ! »

L'autre femme, qui s'appelait madame de Lamballe :

— Pourquoi tourner votre pensée vers ces tristesses incessantes ? Pourquoi rappeler de lamentables images ?

— C'est qu'en revoyant cette place et en me retrouvant sur ce banc, je ne puis me défendre, malgré moi, d'un funeste souvenir.

— Un souvenir ?

— Oui, alors que je n'étais pas une reine, alors que je n'étais qu'une femme.

— Et ce souvenir ?

— Il m'obsède toujours ; je voudrais le chasser, mais il revient à mes heures tristes, et je revois sans cesse cet homme dont les traits moroses m'apparurent ici pour la première fois.

— Quel homme ?

— Un fou, un original, dont l'abbé Vermont, qui l'avait déjà rencontré quelquefois, m'avait donné le signalement ; un écrivain célèbre qui fuyait sa célébrité et que l'on désignait sous le nom du philosophe de Genève.

— Quoi ! Jean-Jacques Rousseau ?

— Lui-même.

— Cet homme si dédaigneux ! si vain ! si brutal,

et qui repoussait toutes les sympathies, surtout celles de la cour?

— Ce ne fut pas lui qui vint au-devant de moi, c'est moi qui allai au-devant de lui, dit la reine.

— Vous !

— Je savais qu'il avait l'habitude d'herboriser dans les environs; je ne pus résister au désir de le voir et de m'entretenir avec lui. Vous connaissez mon faible pour les artistes et pour les penseurs; je suis toujours demeurée Allemande de ce côté. Toutes les gloires m'attirent, et Jean-Jacques Rousseau était une des gloires les plus resplendissantes, non-seulement de Paris, non-seulement de la France, mais de l'Europe, mais du monde entier.

— Votre Majesté, dit la princesse de Lamballe avec un charmant sourire, Votre Majesté est-elle bien sûre en ce moment de ne pas donner dans les idées du tiers-état ?

— C'était un beau jour comme celui-ci.

— Peut-être le même mois ?

— Oui.

— Et sans doute ausssi la même heure ?

— La même heure.

Marie-Antoinette avait tressailli en prononçant ces dernières paroles, et elle avait regardé autour d'elle par un involontaire mouvement.

— Alors, c'est étrange, dit madame de Lamballe.

— N'est-ce pas...?

— Et que se passa-t-il entre vous et cet homme?

— Je vais vous le raconter. C'est quelque chose de simple et de pénible. J'étais vêtue en paysanne, en jardinière, comme cela m'arrivait souvent à Trianon, vous le savez. Je ne voulais pas être reconnue. Dans ce sentier que m'avait indiqué l'abbé, au bout de quelques instants, je vis paraître un individu en habit gris, courbé, et qui marchait avec une canne.

— C'était lui!

— C'était lui. Au frisson qui me passa par tout le corps, je reconnus que je n'étais rien qu'une princesse, et que cet homme était un homme de génie. Mes genoux fléchirent; et plus il avançait, plus je me trouvais interdite, quoiqu'il ne me regardât pas, quoiqu'il ne me vît pas.

— Se peut-il ?

— Il me semblait le voir grandir à chaque pas qu'il faisait, tandis que moi je me sentais rapetisser d'autant. Je compris qu'il y avait quelque chose de fatal entre nous, et que ce plébéien obscur venu de la Suisse, ce vagabond, cet hôte des greniers et des mansardes, devait un jour ou l'autre peser impitoyablement sur ma destinée. Tous ses livres me revenaient à l'esprit, et je vis bien qu'il s'était incrusté dans mon royaume de manière à n'en faire jamais sortir sa mémoire. Il s'était adressé à tous, et tous lui avaient répondu. Il avait parlé aux hommes par le *Contrat social*, il avait gagné les mères par l'*Émile*, et les filles par la *Nouvelle Héloïse*. Il tenait la France entière. Il allait régner plus que moi. Voilà les idées qui m'avaient saisie à mesure que ce Jean-Jacques Rousseau s'approchait.

— Il vous aperçut enfin ?

— Un instant, je crus qu'il allait me marcher sur le corps avec ses épais souliers ferrés. Je n'aurais pas fait un mouvement, pas poussé un cri. Tout mon sang s'était figé dans mes veines, un sang royal, cependant !

— Singulier prestige! murmura la princesse de Lamballe.

— Ce ne fut que lorsqu'il me vit sous ses yeux qu'il s'arrêta. Ses sourcils se froncèrent, et je crus lire de la défiance dans sa physionomie. « — Qui êtes-vous? me demanda-t-il d'un ton brusque. » — Une... jardinière des environs... balbutiai-je. » — Que faites-vous ici? que me voulez-vous? qui vous envoie? » Il me jeta successivement ces trois interrogations, en attachant sur moi ses méchants petits yeux. Je parvins toutefois à me remettre un peu, et je lui répondis : « — Je retournais au village, lorsque ma corbeille est tombée. Voulez-vous m'aider à ramasser mes fleurs? »

— Que fit-il alors, cet hôte farouche des forêts?

— Mon air de sincérité le désarma, et il sourit de ma demande naïve. Ah! j'étais jeune dans ce temps! Puis il parut hésiter, il se retourna comme pour s'assurer qu'il ne courait aucun risque d'être vu ; enfin il se pencha et ramassa quelques-unes des fleurs que j'avais éparpillées sur le sol. Par ce beau jour, et dans ce bois enchanteur, c'était un tableau à inspirer

Greuze; et j'avoue que ce n'était pas sans un sentiment de vanité que je contemplais cet homme célèbre incliné presque à mes genoux.

— En effet, j'aurais été curieuse de le voir.

— Tout en ramassant mes roses, il me questionna encore : — « Êtes-vous fille ou mariée? — Mariée, dis-je. — Comment s'appelle votre époux? — Il a nom... Louis. — Et votre chaumière, est-elle bien distante d'ici? — Ma chaumière? repris-je en souriant à mon tour, non ; elle est là tout près. » Et mon bras s'étendait dans la direction de Versailles. La malice que j'avais mise à ces dernières réponses ne lui échappa point. Il tressaillit sous l'empire d'une pensée soudaine, et, se redressant avec plus de vivacité que n'eût fait espérer son âge, il me lança deux éclairs au visage. Mais cette fois j'étais calme, j'étais moi.

— Il vous avait reconnue ?

— Ou il m'avait devinée. Toutefois est-il que ses lèvres laissèrent passer ce mot : « La Dauphine ! » Je fis semblant de ne pas l'avoir entendu, et je lui dis : — « Toutes mes fleurs sont-elles bien ramassées, M. Rousseau? » — C'était un piége! murmura-t-il sourdement.

— Le mal-appris!

— Ce fut vainement que j'essayai de reprendre la conversation sur un ton enjoué. Jean-Jacques était redevenu sérieux... « — De la rancune? » lui dis-je. Il hocha la tête. « — Non, répondit-il, de la tristesse. » Je le regardai d'un air d'étonnement. « — Quel sujet avez-vous d'être affligé, vous que tout le monde encense? » — Aussi n'est-ce pas de moi que je m'afflige; il y a bien long-temps que je ne suis plus triste pour mon propre compte. — Qui donc est-ce que vous plaignez alors? lui demandai-je étourdiment. — Vous! »

— L'imprudent!

— Je demeurai sous le coup de cette réponse et ne dis rien; j'étais peu habituée à une telle franchise de langage. Il ressemblait à mes courtisans comme un homme ressemble à des singes. On eût dit qu'il venait de comprendre ma pensée, car il ajouta: « — Ce n'est pas dans votre présent que je vous plains, madame, c'est dans votre avenir. Jouez à côté du trône, maintenant; mais une fois dessus, dites adieu; croyez-moi, à tous vos loisirs de jeune fille et à tous vos éblouissements de jeune femme. »

— Le méchant homme! murmura madame de Lamballe.

— Jean-Jacques a eu raison. Depuis cette rencontre, mon frivole bonheur s'est écroulé, si bien écroulé qu'il n'en reste pas une pierre aujourd'hui. Je suis devenu haïssable à mes sujets, et la calomnie s'est glissée jusque dans mes antichambres pour me poursuivre de ses sifflements. L'autre jour, j'ai trouvé sur ma toilette un de leurs pamphlets. Jean-Jacques a eu raison. L'avenir, disait-il; oh! oui, c'est ce qui m'effraie. Chaque pas que je fais vers cet avenir me dévoile un nouveau malheur prêt à fondre. Mon mari, mon fils, la France! que de préoccupations! Mes yeux s'usent et s'éteignent dans l'insomnie: car, savez-vous, madame de Lamballe, souvent, pendant que le roi repose, je plonge mon regard dans les chiffres, je m'efforce à comprendre ces plans d'organisation, ces projets financiers, et le jour me surprend souvent lasse et toute pâlie à la vue d'un gouffre de dilapidations. Jean-Jacques!... c'est l'apparition de Jean-Jacques qui m'a porté malheur ! c'est...

La reine n'eut pas le temps d'achever; sa voix s'étrangla tout à coup dans sa poitrine, son visage blanchit.

— O ciel! qu'a Votre Majesté? s'écria la princesse de Lamballe qui fut frappée de cette altération subite.

La reine, terrifiée, articula faiblement :

— Là... là...

Son doigt montrait un personnage qui venait d'apparaître dans le sentier.

— C'est lui!

— Qui, lui?

— Lui, vous dis-je : lui, Jean-Jacques Rousseau!

Madame de Lamballe crut la reine atteinte de vertige, car l'individu en question n'était qu'un homme tout à fait inoffensif d'aspect.

C'était Émile.

Il poursuivait sa promenade dans le bois, et n'avait encore vu ni la reine, ni la princesse.

— Oh! oui, c'est bien lui! reprit Marie-Antoinette, haletante et l'œil tendu ; voilà bien sa démarche, sa taille, tout enfin, c'est Jean-Jacques !

— Madame ! madame !

— Partons !

Elle se leva.

Au même instant Émile, qui portait ses regards à l'horizon, aperçut les deux femmes.

Il n'était séparé d'elles que par une dizaine de pas, lorsqu'il entendit ces paroles prononcées par la princesse de Lamballe :

— Que Votre Majesté se rassure, cet homme n'est pas celui que vous croyez.

Il resta immobile, saisi de respect et d'étonnement.

Votre Majesté ! ce titre retentissait dans sa tête ; il avait donc devant lui cette femme, objet de tant de haines et de tant de sympathies !

Pendant le court espace d'une minute, il contempla sa pâleur douloureuse, et put suivre sur son visage la trace des pleurs qui en avaient lavé tant de fois l'impérieuse beauté.

Marie-Antoinette avait passé la main sur son front ; et quand elle releva ses paupières sur Émile ce fut avec plus de calme et avec plus d'attention.

— C'est égal, murmura-t-elle en secouant la tête ; j'ai l'idée que cette ressemblance me portera encore malheur.

En achevant ces mots, elle se laissa entraîner par la princesse de Lamballe, et toutes deux disparurent rapidement aux yeux stupéfaits d'Émile.

XVI

A l'auberge du *Sanglier russe*, Émile trouva le domestique chargé de le conduire vers le duc de Noyal-Treffléan. Il le suivit, croyant obéir à un ordre de Trois-Mai.

Quelle fut donc sa surprise en se voyant face à face, non pas avec la fille, mais avec le père!

Celui-ci le reconnut immédiatement, et il ne put s'empêcher de dire :

— Il y a une fatalité... oui... je le vois bien... les hommes naissent par groupes, et chacun d'eux est fatalement condamné à ne se rencontrer et à ne vivre qu'avec les hommes de son groupe... Ce sont des sociétés dans la société, ou bien encore une ocrupe de comédiens engagée pour donner pendant un certain temps un certain nombre de représentations... Bon gré mal gré, il faut qu'ils marchent ensemble, Héraclius avec Guillot-Gorju, Iphigénie avec Colin, le Turc avec le Chevalier français... et moi avec ce jeune homme que le hasard, la destinée, la Providence, Dieu ou le diable m'ont donné pour compagnon!

Émile attendait debout.

— Voici la troisième fois que je vous rencontre sur mon passage, dit enfin le duc.

— Oui, monsieur.

— La première fois vous m'avez outragé, la deuxième fois vous m'avez nui. La première comme la deuxième fois il m'eût été facile, vous le concevez, de vous faire repentir pour le reste de vos jours de votre étrange audace, et la Bastille...

— C'eût été manquer votre but, M. le duc, car j'en serais sorti la semaine dernière.

— A défaut de la Bastille, j'ai mes châteaux.

— Est-ce de celui de Clichy ou de celui de Gonesse que vous voulez parler, M. le duc?

— Il n'importe.

— C'est que vous savez bien que tous les deux ont été brûlés le 13 juillet par la justice du peuple.

Le duc de Noyal-Treffléan regarda ce jeune homme qui lui parlait si hardiment.

Puis il reprit :

— Quoi qu'il en soit, je vous ai laissé la vie sauve ainsi que la liberté. Mais je ne m'en fais pas un mérite, non ; la première fois je n'ai pas pensé à vous ; la seconde fois je vous ai oublié, ce qui revient à peu près au même. Je ne connaissais pas alors les motifs de votre acharnement.

— Quels motifs? demanda Émile.

— Nierez-vous que vous ayez tenté la séduction de ma fille?

— De quelle fille, M. le duc?

— De la mienne.... de Trois-Mai...

— Je n'ai connu sous ce nom et je n'ai aimé qu'une jeune fille pauvre comme moi, enfant trouvée comme moi. Je l'ai aimée comme nous autres, les oubliés de la famille, nous savons aimer, c'est-à-dire avec la pureté d'une âme qui ne tenant tout que de Dieu rapporte tout à Dieu.

— Et vous l'aimez encore? demanda le duc.

— Je l'aime toujours.

— Jusqu'à quel point?

— Jusqu'au point de mourir pour elle.

— Heureuses gens que les amoureux! dit le duc avec un soupir; ainsi, pour sauver Trois-Mai d'un péril vous n'hésiteriez pas à vous sacrifier?

— Et vous? dit Émile.

La question était indiscrète et vive.

Pris au dépourvu, le père ne sut que répondre.

— Ma fille, continua-t-il, est en ce moment en proie à une fièvre brûlante...

— O ciel!

— Votre présence peut améliorer son état.

— Oh! je vous comprends, dit Émile : je vous comprends; faites-moi conduire vers elle!

— Un instant, arrêta le duc, dont le visage peignait l'embarras et dont la voix trahissait l'hésitation.

— Parlez.

— De l'avis des médecins eux-mêmes, il serait possible que la convalescence de ma fille se prolongeât pendant quelque temps.

— Je suis absolument à votre service.

— C'est bien; mais... ce n'est pas tout encore.

— Quoi donc?

— Inutile de vous dire que, visible ou invisible, mon intention est d'assister à vos entretiens.

— Ce serait votre droit, M. le duc, si ce n'était votre devoir.

— En outre, quoique je n'aie pas l'exigence de vouloir dicter vos paroles, il est néanmoins quelques questions et quelques réponses dont je tiens à diriger le sens.

— Rien de plus juste.

— C'est ainsi que mon désir est que vous parliez de moi à Trois-Mai.

— De vous, M. le duc!

— Aussi souvent que vous en trouverez l'occasion.

— Et que faudra-t-il dire de vous? demanda Émile.

— Tout le bien qu'une fille doit penser de son père.

Le jeune homme fit un mouvement.

— Ensuite? dit-il.

— Ensuite, continua le duc de Noyal-Treffléan, il faudra lui vanter mon cœur, lui parler de la tendresse que j'ai pour elle...

— De votre tendresse ?

— Oui.

— Après, M. le duc ?

— Lui dire qu'elle s'est trompée sur mon compte, justifier à ses yeux les moyens que j'ai dû employer pour arriver à son bonheur, lui montrer ce bonheur comme le but constant de mes efforts...

— Vos efforts ! s'écria Émile révolté.

— Enfin, je laisse à votre intelligence le soin de me gagner le cœur de ma fille.

— Est-ce tout, M. le duc?

— Oui, c'est tout.

— Il ne vous faut pas encore autre chose, pendant que vous y êtes? Cherchez bien. Le respect des mères, par exemple? La considération des vieillards ? Le dévouement des femmes?

Le duc ne daigna pas retourner la tête.

— Si la tâche que je vous ai proposée vous semble au-dessus de vos forces, vous pouvez partir, dit-il tranquillement.

— Partir ! s'écria Émile, lorsque votre fille se meurt et que ma vue peut la sauver !

— Que m'importe? elle ne m'aime pas.

— Mais ce que vous voulez est impossible, songez-y donc !

— J'y ai songé, et c'est pour cela que je l'ai voulu.

— Votre fille vous aimer !

— Elle vous aime bien ; je veux partager avec vous

— Dieu lui-même ne ferait pas ce miracle !

— Un amant le fera.

Il se fit un moment de silence entre eux deux. Émile observait le duc pour s'assurer qu'il ne raillait pas horriblement.

Mais le duc était calme comme à son ordinaire.

— Ainsi vous refusez ? dit-il en se levant de son fauteuil.

Émile ne remua pas.

—Je n'ai plus qu'un mot à ajouter, continua le duc de Noyal-Treffléan, mais un mot décisif. Je n'ai pas de préjugés : j'estime ou plutôt je méprise les hommes à un égal degré. Je suis riche, je suis puissant. Vous, vous n'êtes rien, vous n'avez qu'un avenir borné et chétif, votre sort dépend uniquement du hasard. Eh bien ! je me charge d'être le hasard pour vous. Je vous ferai monter aussi haut que vous pourrez vous tenir sans vertige. En un mot, agissez en sorte que je sois aimé de ma fille, et ma fille est à vous !

Une demi-heure après, Émile était au chevet de Trois-Mai, qui reposait, les bras en croix, étendue sur un grand lit à baldaquin.

Depuis un an qu'il ne l'avait vue, il remarqua en elle une altération profonde, augmentée encore par la fièvre. Pâle comme une cire, les lèvres immobiles, les cils abaissés, elle semblait une sainte exposée à la vénération des fidèles.

Lorsqu'elle s'éveilla, il était nuit, tout à fait nuit. Un flambeau brûlait seul dans un coin de l'appartement et répandait une lueur somnolente sur les rideaux aux plis impénétrables, sur les meubles dont les angles de cuivre s'allumaient, au plafond dansant, et le long des lambris doré-sombre.

Émile écoutait avec anxiété la respiration de la jeune fille. Derrière lui, mais loin et caché dans le noir d'une tapisserie épaisse, un homme se tenait immobile et également attentif.

Tout à coup Trois-Mai eut un mouvement; ce mouvement fut suivi d'un soupir.

Émile se pencha vers elle avec précaution.

— Eh bien ? murmura l'homme.

— Chut ! fit Émile.

La jeune fille entr'ouvrit les paupières, et d'abord elle ne vit rien, rien que le flambeau vacillant comme au souffle de sa fièvre, rien que la nuit qui se blottissait dans les rideaux, rien qu'un vase de roses éloigné d'elle, roses manquant d'air et dont la moitié des feuilles jonchaient déjà le parquet.

Alors Émile s'avança doucement, et elle vit Émile.

Elle lui sourit sans surprise, comme elle eût souri à un songe, et ses lèvres laissèrent échapper ces mots :

— C'est toi... je t'attendais...

Ayant dit, elle referma les yeux.

L'homme qui se tenait en arrière fit un geste, réprimé aussitôt sur un signe d'Émile. De ces trois cœurs, on n'aurait pas su dire celui qui battait le plus fort en ce moment !

Trois-Mai, les yeux toujours clos, souriant comme on ne sourit que dans le ciel, dit encore :

— Dieu nous a réunis, il a eu pitié de nos souffrances... Viens, Émile... donne-moi ta main... allons le remercier!

Émile laissa prendre sa main par la main brûlante et sèche de la jeune fille.

Mais alors il se sentit toucher à l'épaule par son compagnon mystérieux.

Il tressaillit.

Faisant un effort sur lui-même, il murmura :

— Ce n'est pas Dieu qui nous a réunis, Trois-Mai, c'est... c'est votre père.

— Mon père? répéta-t-elle (et une amère expression agita les coins de sa bouche); ne me parlez pas de mon père.

— Que dit-elle ? demanda l'homme en faisant un pas.

— Elle ne dit plus rien, M. le duc, elle s'est évanouie de nouveau.

Cette nuit-là, non plus que le lendemain, le duc de Noyal-Treffléan ne jugea pas à propos de recommencer une semblable et aussi dangereuse épreuve Il laissa faire Émile, qui lui avait conseillé d'attendre l erétablissement de Trois-Mai.

Ce rétablissement fut long, car elle avait été gravement éprouvée.

Les premiers entretiens de ces amants furent empreints de cette mélancolie qui accompagne toujours un bonheur brisé à l'aile.

Caché dans un cabinet, le duc passait des heures entières à écouter leurs confidences et les récits qu'ils se faisaient de ce qui leur était arrivé pendant leur séparation.

Trois-Mai, à demi soulevée sur son coude, les yeux languissants, mais heureuse, écoutait Émile avec cette attention qui s'attache autant aux paroles qu'à la pensée, autant à la voix qu'aux paroles, autant au visage qu'à la voix.

Mais dès qu'il essayait de faire tomber la conversation sur le duc de Noyal-Treffléan, la physionomie de Trois-Mai s'assombrissait, son regard perdait son éclat, ses lèvres perdaient leur sourire, son cœur perdait sa gaieté. Alors elle gardait le silence, ou bien elle disait à Émile, avec l'accent d'une prière :

— Parlons d'autre chose.

Le pauvre jeune homme était bien obligé de se

taire; mais le jour suivant il revenait à sa tâche avec plus d'insistance, avec plus d'habileté aussi.

Son esprit, que l'amour rendait ingénieux, inventait chaque fois de touchants mensonges; tantôt c'était une belle action accomplie par le duc de Noyal-Treffléan, un trait de générosité, la grâce d'un coupable obtenue auprès du roi, une villageoise dotée largement. Jamais avocat n'employa plus de zèle à la défense d'une cause désespérée.

Comment dépeindre les étonnements de Trois-Mai et l'air incrédule avec lequel elle ne pouvait se défendre d'accueillir ces narrations? Souvent elle les faisait recommencer, et elle s'écriait au milieu :

— En êtes-vous bien sûr?

Ou :

— Cela ne se peut pas!

Il fallait alors qu'il lui fournît la preuve de ce qu'il avançait, ce qui obligea le duc de Noyal-Treffléan à quelques actes réels de bienfaisance.

Elle ne s'expliquait pas l'obstination d'Émile à revenir sur un thème pour lequel il connaissait sa juste répulsion.

Aussi la cure morale essayée par notre héros allait bien lentement, et maintes fois il se sentit prêt à manquer de courage. Mais le duc était là toujours, qui répétait :

— Je veux partager avec toi l'affection de ma fille.

Œuvre sans nom! il lui fallait conquérir pour un tel monstre la tendresse de cette âme droite et pure, ou renoncer à elle et peut-être s'en voir séparé pour toujours!

Le duc de Noyal-Treffléan s'était d'abord soumis à n'entrer dans la chambre de sa fille que de nuit et pendant son sommeil. Mais alors on ne pouvait plus l'en faire sortir; il demeurait les bras croisés, immobile et réfléchi.

Cet homme était dans une phase d'esprit vraiment singulière, il ne prenait plus souci des choses ambiantes. Il ressemblait à un alchimiste, l'œil au fond d'un creuset.

La première fois que Trois-Mai aperçut cette tête, elle fut prise d'un frémissement nerveux qui ne cessa que lorsque le duc se fut retiré.

Cependant, sur les instances d'Émile, elle s'habitua peu à peu à le recevoir dans la journée et à répondre à ses interrogations. C'était tout ce qu'elle pouvait faire.

Pour le duc c'était beaucoup. Il faisait son apprentissage de la vie par les côtés simples et bons qu'il avait toujours dédaignés. Cependant affirmer que la curiosité, l'amour-propre et l'entêtement n'agissaient pas en lui autant que la nature, c'est ce que je ne prendrai pas sur moi. Son caractère n'était pas de ceux qui fléchissent du jour au lendemain, et si pendant quelque temps il avait pu faire trêve à ses puissants caprices pour s'adonner à l'analyse miscroscopique des sentiments de famille, on devait supposer que son réveil serait formidable d'extravagance.

C'est ce qui ne manqua pas d'arriver.

Il avait résolu de célébrer la convalescence de sa fille par une de ces fêtes excessives, telles que son imagination en rêvait, telles que son or en réalisait. En l'absence de François Soleil, lequel poursuivait à Paris une œuvre colossale et qui sera prochainement expliquée, le duc s'en était remis sur Ariodant de l'exécution de son incomparable programme.

Ariodant était le génie subalterne de la maison, du moins se le figurait-il ainsi.

Imbu jusqu'à la moelle de la lecture des livres féeriques, on n'aurait pas eu de peine à lui persuader qu'il était né du sultan Misrour et de l'infante Zoraïde. Depuis sa jeunesse, il s'obstinait à ne porter que des habits orientaux ou de Céladons ; il savait composer des selams mieux que le prince Nourreddin, et il avait appris par cœur les *Mille et une nuits*, les *Mille et un jours*, les *Mille et une faveurs*, ainsi que les Contes Turcs, mogols, indiens, persans et japonais. Il s'était créé un monde à part, le plus surprenant et le plus romanesque des mondes, peuplé de sens cachés et de prodiges invisibles : cueillait-il une fleur, il lui semblait entendre sortir la voix d'une fée ; allait-il à la pêche, le poisson qu'il amenait était immanquablement quelque fils de grand visir condamné à demeurer captif sous cette forme pendant trois mille ans, pour avoir surpris la sultane en rendez-vous, un soir qu'il faisait trop de lune.

Cet être poétique était depuis six ans au service du duc de Noyal-Treffléan. M. Soleil avait mis la main sur lui comme on le conduisait aux Petites-Maisons, et il l'avait dirigé sur Versailles, de même qu'on envoie une curiosité dans un musée. Chez le duc, Ariodant présidait aux *enchantements* du parc : il avait inventé de remplacer aux heures du crépuscule les statues de pierre par des statues vivantes. Le carquois à l'épaule, Diane palpitait réellement sous la tunique étoilée d'or; Daphné, enserrée par un arbre, se débattait contre les rameaux envahisseurs. Cela constituait tout un harem sur des piédestaux.

Un soir qu'Émile l'avait surpris dans ses préparatifs de fête, Ariodant s'était décidé à lui raconter son histoire, ainsi que cela se pratique dans les romans d'Orient et d'aventures, où l'on inscrit en titre :

HISTOIRE D'ARIODANT.

et où l'on commence invariablement par cette phrase sacramentelle : « Je suis le rejeton infortuné de ce fameux calife, dont vous avez probablement entendu parler... »

Ariodant avait divisé son récit en trois soirées, toujours comme cela se pratique dans les mêmes romans où l'on inscrit de nouveau :

SUITE DE L'HISTOIRE D'ARIODANT.

Et où le héros, faisant asseoir son auditeur sur un monticule gazonné, continue de la sorte : « Nous en sommes restés la dernière fois... »

L'histoire d'Ariodant était d'ailleurs purement imaginaire; on eût pu la trouver toute faite dans Aladin.

Une seule chose frappa l'attention distraite d'Émile et devait la frapper. J'ai déjà rapporté la singularité du visage d'Ariodant et comment son œil gauche tendait amoureusement à rejoindre son œil droit.

Il s'aperçut plusieurs fois de l'étonnement d'Émile, et à la fin il lui dit en souriant :

— Vous regardez mes yeux?

— Oui, répondit-il.

— Le gauche vous surprend, n'est-il pas vrai?

— Et le droit aussi.

— Rien ne m'empêcherait de vous dire qu'ils datent tous les deux de l'époque où j'étais gazelle, mais il n'en est rien. Cette conformation étrange remonte au temps où j'étais sur le point de devenir cyclope.

— Cyclope!

— Grâce à la science profonde d'un vieux mire,

mon maître divin, le savant Achmet Champdoiseau.

— Vous avez connu le docteur Champdoiseau? s'écria Émile.

— Certes! c'était un haut personnage de la Basse-Égypte...

— Il demeurait sur le quai des Augustins.

— Ah bah! fit Ariodant étonné, vous l'avez donc connu, vous aussi?

— Ce fut mon bienfaiteur.

— Quelle rencontre!

L'intimité d'Émile et d'Ariodant s'accrut beaucoup de cette confidence, et le second finit par pardonner au premier le stratagème musical dont il s'était servi pour pénétrer dans le parc du duc de Noyal-Treffléan, et dont son amour-propre avait été d'abord ustement froissé.

Cependant la fête devait avoir lieu le lendemain.

FIN

www.ingramcontent.com/pod-product-compliance
Lightning Source LLC
Chambersburg PA
CBHW050754170426
43202CB00013B/2415